四特 教育系列丛书 SITEJIAOYUXILIECONGSHU

场面描写阅读指导

《"四特"教育系列丛书》编委会　编著

吉林出版集团股份有限公司
全国百佳图书出版单位

图书在版编目（CIP）数据

场面描写阅读指导／《"四特"教育系列丛书》编委会编著 . —长春：吉林出版集团股份有限公司，2012.4
（"四特"教育系列丛书／庄文中等主编 . 学生阅读与作文方法指导）

ISBN 978-7-5463-8710-9

I.①场… Ⅱ.①四… Ⅲ.①阅读课－中小学－教学参考资料 Ⅳ.① G634.333

中国版本图书馆 CIP 数据核字（2012）第 044008 号

场面描写阅读指导

CHANGMIAN MIAOXIE YUEDU ZHIDAO

出 版 人	吴　强	
责任编辑	朱子玉　杨　帆	
开　　本	690mm×960mm　1/16	
字　　数	250 千字	
印　　张	13	
版　　次	2012 年 4 月第 1 版	
印　　次	2023 年 2 月第 3 次印刷	

出　　版	吉林出版集团股份有限公司
发　　行	吉林音像出版社有限责任公司
地　　址	长春市南关区福祉大路 5788 号
电　　话	0431-81629667
印　　刷	三河市燕春印务有限公司

ISBN 978-7-5463-8710-9　　　　定价：39.80 元

前　言

　　学校教育是人一生中所受教育最重要组成部分,个人在学校里接受计划性的指导,系统地学习文化知识、社会规范、道德准则和价值观念。学校教育从某种意义上讲,决定着个人社会化的水平和性质,是个体社会化的重要基地。知识经济时代要求社会尊师重教,学校教育越来越受重视,在社会中起到举足轻重的作用。

　　"四特教育系列丛书"以"特定对象、特别对待、特殊方法、特例分析"为宗旨,立足学校教育与管理,理论结合实践,集多位教育界专家、学者以及一线校长、老师们的教育成果与经验于一体,围绕困扰学校、领导、教师、学生的教育难题,集思广益,多方借鉴,力求全面彻底解决。

　　本辑为"四特教育系列丛书"之《学生阅读与作文方法指导》。

　　阅读能力被著名教育家苏霍姆林斯基称之为学习技能的五把刀子之一,它不仅是语文学习能力的主要构成因素,也是训练学生的表达能力的重要途径,还是一切智力活动的基础。因此,有效阅读一直就是语文教学的核心,要提高语文能力,提升语文素养,必须加强有效阅读。

　　作文是人们交流思想和社会交际的重要工具。生活在现实社会里,无论你从事什么行业,都离不开写作,写作是人类生活的基本工具,是每一个社会成员搞好各项工作必须应具备的一种起码素质。本书从肖像、语言、行动、心理、场面、景物、静态、状物、抒情和话题等方面,为广大青少年提供了实际指导和范文阅读,使大家不仅可以学到作文的知识,还能感受到好词好句好段中所蕴含的优美意境,能够受到精神的陶冶。

　　本辑共20分册,具体内容如下:

　　1.《肖像描写阅读指导》

　　肖像描写即描绘人物的面貌特征,它包括人物的身材、容貌、服饰、打扮以及表情、仪态、风度、习惯性特点等。肖像描写的目的是以"形"传"神",刻画人物的性格特征,反映人物的内心世界。描是描绘,写是摹写。描写就是用生动形象的语言,把人物或景物的状态具体地描绘出来。这是一般记叙文和文学写作常用的表达方法。本书针对学生如何高效阅读肖像描写类文章进行了系统而深入的分析和探讨,并给予了切实的指导,对中小学生颇有启发意义。

　　2.《语言描写阅读指导》

　　语言描写是塑造人物形象的重要手段。成功的语言描写总是鲜明地展示人物的性格,生动地表现人物的思想感情,深刻地反映人物的内心世界,使读者"如闻其声,如见其人",获得深刻的印象。本书针对学生如何高效阅读语言描写类文章进行了系统而深入的分析和探讨,并给予了切实的指导,对中小学生颇有启发意义。

　　3.《行动描写阅读指导》

　　行动描写是刻画人物的手法之一,是塑造人物的主要手段。行动是人物思想性格的直接表现,因此,人物的行动描写就要善于抓住人物具有特征性的动作,从而展示人物的精神面貌,反映人物的性格特征,塑造出个性鲜明的人物形象。本书针对学生如何高效阅读行动描写类文章进行了系统而深入的分析和探讨,并给予了切实的指导,对中小学生颇有启发意义。

4.《心理描写阅读指导》

心理描写是指在文章中,对人物在一定的环境中的心理状态、精神面貌和内心活动进行的描写。是作文中表现人物性格品质的一种方法。最常用的是描写人物的内心独白,写出人物的所思所想,让人物一无遮掩地吐露自己的心声,说出他的欢乐和悲伤、矛盾和愁郁、忧虑和希望,使读者穿透人物外表,看到人物的内心世界。本书针对学生如何高效阅读心理描写类文章进行了系统而深入的分析和探讨,并给予了切实的指导,对中小学生颇有启发意义。

5.《场面描写阅读指导》

场面描写,就是对一个特定的时间与地点内许多人物活动的总体情况的描写。它往往是叙述、描写、抒情等表述方法的综合运用,是自然景色、社会环境、人物活动等描写对象的集中表现。场面描写要表现出一种特定的气氛要综合运用记叙、描写、抒情、议论等表达手段,以及映衬、象征等多种手法,这样才能使场面变成一幅生动而充满感染力的图画。本书针对学生如何高效阅读场面描写类文章进行了系统而深入的分析和探讨,并给予了切实的指导,对中小学生颇有启发意义。

6.《景物描写阅读指导》

景物描写,是指对自然环境和社会环境中的风景、物体的描写。景物描写主要是为了显示人物活动的环境,使读者身临其境。本书针对学生如何高效阅读景物描写类文章进行了系统而深入的分析和探讨,并给予了切实的指导,对中小学生颇有启发意义。本书不仅提供了学生有效阅读同范文,还提供了相应的阅读把握方法等,具有很强的系统性、实用性、实践性和指导性。

7.《风俗描写阅读指导》

风俗习惯指个人或集体的传统风尚、礼节、习性。是特定社会文化区域内历代人们共同遵守的行为模式或规范。风俗由于一种历史形成的,它对社会成员有一种非常强烈的行为制约作用。风俗描写主要包括民族风俗、节日习俗、传统礼仪等等。本书针对学生如何高效阅读风俗描写类文章进行了系统而深入的分析和探讨,并给予了切实的指导,对中小学生颇有启发意义。

8.《记叙文阅读指导》

阅读记叙文必须注意把握文章的基本要素,理清记叙的顺序以及线索,准确理解记叙中的描写议论和抒情。只有这样,才能从整体上全面把握记叙文的内容,理解作者的写作意图和文章所反映的中心思想。本书针对学生如何高效阅读记叙文进行了系统而深入的分析和探讨,并给予了切实的指导,对中小学生颇有启发意义。

9.《抒情散文阅读指导》

抒情散文主要是抒发作者对现实生活的感受、激情和意愿。抒情散文抒发的是怎样的感情,如何抒发,都与文章揭示的思想意义是否深广有极大的关系。本书针对学生如何高效阅读抒情散文进行了系统而深入的分析和探讨,并给予了切实的指导,对中小学生颇有启发意义。本书不仅提供了学生有效阅读同范文,还提供了相应的阅读把握方法等,具有很强的系统性、实用性、实践性和指导性。

10.《话题性范文阅读指导》

话题性文章一般与学生的生活实际联系的最紧密,学生应该有话可写。但由于话题比较宽泛,要出采也不容易。写作的关键在于把话题转化,或化大为小,或化抽象为具体。本书针对学生如何高效阅读话题性文章进行了系统而深入的分析和探讨,并给予了切实的指导,对中小学生颇有启发意义。

11.《肖像写作指导》

肖像描写即描绘人物的面貌特征,它包括人物的身材、容貌、服饰、打扮以及表情、仪态、风度、习惯性特点等。肖像描写的目的是以"形"传"神",刻画人物的性格特征,反映人物的内心世界。描是描绘,写是摹写。描写就是用生动形象的语言,把人物或景物的状态具体地描绘出来。本书针对学生如何提高肖像描写类作文写作水平进行了系统而深入的分析和探讨,并给予了切实的指导,对中小学生颇有启发意义。

12.《语言写作指导》

语言描写是塑造人物形象的重要手段。成功的语言描写总是鲜明地展示人物的性格,生动地表现人物的思想感情,深刻地反映人物的内心世界,使读者"如闻其声,如见其人",获得深刻的印象。本书针对学生如何提高语言描写类作文写作水平进行了系统而深入的分析和探讨,并给予了切实的指导,对中小学生颇有启发意义。

13.《行动写作指导》

行动描写是刻画人物的手法之一,是塑造人物的主要手段。行动是人物思想性格的直接表现,因此,人物的行动描写就要善于抓住人物具有特征性的动作,从而展示人物的精神面貌,反映人物的性格特征,塑造出个性鲜明的人物形象。本书针对学生如何提高行动描写类作文写作水平进行了系统而深入的分析和探讨,并给予了切实的指导,对中小学生颇有启发意义。

14.《心理写作指导》

心理描写是指在文章中,对人物在一定的环境中的心理状态、精神面貌和内心活动进行的描写。是作文中表现人物性格品质的一种方法。最常用的是描写人物的内心独白,写出人物的所思所想,让人物一无遮掩地吐露自己的心声,说出他的欢乐和悲伤、矛盾和愁郁、忧虑和希望,使读者穿透人物外表,看到人物的内心世界。本书针对学生如何提高心理描写类作文写作水平进行了系统而深入的分析和探讨,并给予了切实的指导,对中小学生颇有启发意义。

15.《场面写作指导》

场面描写,就是对一个特定的时间与地点内许多人物活动的总体情况的描写。它往往是叙述、描写、抒情等表述方法的综合运用,是自然景色、社会环境、人物活动等描写对象的集中表现。场面描写要表现出一种特定的气氛要综合运用记叙、描写、抒情、议论等表达手段,以及映衬、象征等多种手法,这样才能使场面变成一幅生动而充满感染力的图画。本书针对学生如何提高场面描写类作文写作水平进行了系统而深入的分析和探讨,并给予了切实的指导,对中小学生颇有启发意义。

16.《景物写作指导》

景物描写,是指对自然环境和社会环境中的风景、物体的描写。景物描写主要是为了显示人物活动的环境,使读者身临其境。本书针对学生如何提高景物描写类作文写作水平进行了系统而深入的分析和探讨,并给予了切实的指导,对中小学生颇有启发意义。本书除了提供各种作文的方法外,还提供了大量的好词、好段、好句供广大学生作文时参考借鉴,因此具有很强的系统性、实用性、实践性和指导性。

17.《静态写作指导》

在写物的静态时,我们要尽量去发掘这一静物的动态。如果我们要状写这些不可能有动态的物,那么,我们要去发现他们的质感和有活力的部分。如果我们抓住这些来写,那么,那些静静躺在盘子里,平平睡在盒子里的东西也会生出许多引人的魅力来。总之,我们写物的静态时,要尽量找些鲜活的因素来描上几笔,而且,这几笔往往是最最传神的。本书针对学生如何提高静态描写类作文写作水平进行了系统而深入的分析和探讨,并给予了切实的指导,对中小学生颇有启发意义。

18.《状物写作指导》

状物类作文,以"物"为描述的中心和文章的线索,或寓情于物,或托物言志,融知识性与趣味性于一体,表达文章的题旨。这是学生喜闻乐见的一种写作形式。因此,加强状物类作文的指导,既是学生的一种心理需求,也是新的课程标准的目标之一。本书针对学生如何提高状物类作文写作水平进行了系统而深入的分析和探讨,并给予了切实的指导,对中小学生颇有启发意义。

19.《抒情写作指导》

写抒情散文,重在"情"字。一篇文章要打动读者的感情,作者首先要自己动感情,把感情融注到字里行间。作家魏巍说过:"写好一篇东西,能打动人心,就要把心捧给读者。"把心捧给读者,就是要吐真情,有真意,让情真意切的行文去感动读者。本书针对学生如何提高抒情散文写作水平进行了系统而深入的分析和探讨,并给予了切实的指导,对中小学生颇有启发意义。

20.《话题写作指导》

要想写好话题作文,除了审题命题外,要注意选择自己最熟悉的事情,用自己真实的感情,另外还要选择自己应用得最拿手的文体,需要注意的是,话题作文也要注意体裁的确定,虽然作文的要求是让你自由选择文体,但是你一旦选择了某种文体,就一定要体现这种文体的特点,切不可写成四不象的作文来。总之,话题作文的写作给了你发挥自己写作优势的天地,只要选择自己最擅长的去写,你就会取得不错的成绩。本书针对学生如何提高话题作文写作水平进行了系统而深入的分析和探讨,并给予了切实的指导,对中小学生颇有启发意义。

由于时间、经验的关系,本书在编写等方面,必定存在不足和错误之处,衷心希望各界读者、一线教师及教育界人士批评指正。

编者

目　录

第一章

场面描写写作指导

1. 什么叫场面描写

场面描写，就是对一个特定的时间与地点内许多人物活动的总体情况的描写。它往往是叙述、描写、抒情等表述方法的综合运用，是自然景色、社会环境、人物活动等描写对象的集中表现。常见的有劳动场面、战斗场面、运动场面以及各种会议场面等。

场面描写要表现出一种特定的气氛，单一的表达方式和写作手法是不够的，要综合运用记叙、描写、抒情、议论等表达手段，以及映衬、象征等多种手法，这样才能使场面变成一幅生动而充满感染力的图画。

2. 场面描写的特点

场面描写就是在一定的时间和环境中，以展现人物活动为中心的生活画面的描写。描写场面要注意以下几点：

(1) 点面结合

场面描写要以整体描写反映全貌，给人一个总的印象，以人物特写突出主体，给人以深刻的印象。这样，才能把整个场面写好。

如：这些学生在号召群众募捐，帮助灾区人民解决困难，重建家园。围观的人听了都伸出一双双热情的手，纷纷把钞票放进箱子里表示一点心意。站在外围的人焦急地等待里边的人快出来，好让自己进去捐款。一位叔叔还大声地叫嚷："你，你快一点行吗？真是急死人了。"

在这段话中，作者写出了群体的活动，这是面；写一位叔叔的神态和语言，这就是点。这样就叫作点面结合，让场面显得热烈而不单调。

(2) 场面描写要注意按照一定的顺序进行

一般可以用先总后分、由概括到具体的办法来写，也可以按空间顺序、事情的发展顺序来写。

(3) 场面描写要注意主次

有时一个场面中往往会有很多人，这就要求我们在描写时要突出主角，详写主要人物的语言、动作、表情。

(4) 要把场面的气氛描绘出来

比如，比赛的场面是热闹的，婚礼的场面是喜庆的，而葬礼则是悲伤的。

3. 场面描写的方法

(1) 点面结合，以点为主

场面描写要勾画出整幅场景，这是"面"；也要描绘局部细节，这是"点"。具体说，"点"一般是指场面的中心人物；"面"往往是围绕中心人物而活动的其他人物。点与面的关系是被衬托与衬托的关系，以"点"为主，以"面"配合。有"点"无"面"，不成其为场，只能说是人物描写；有"面"无"点"，往往失去中心，"面"又会散乱无章。

点与面必须同时具备，相互作用，才能使场面描写重点突出，主次分明。如《鲁提辖拳打镇关西》中状元桥下，两边观看的街坊邻居和郑屠的伙计，没有人敢上前劝阻、拦挡愤怒的鲁提辖，鲁达当众怒打郑屠的场面，既有对鲁达个人的描写，也有围观者的众生相。

（2）远近结合，以近为主

"近"，是指主人公距离作者或读者较近；"远"，是指主人公周围较远距离的有关人物和景物。写"近"，是为了强化中心，突出主角；写"远"，是为了增强垫物，拓宽画面。用墨时，再以近写为主，因为它是重点；远写为次，稍加点墨即可。

例如叶圣陶的《多收了三五斗》共写了三个场面，即柜前粜米、街上购买和船上发泄，每个场面都具有远近描写的内容。如第一个粜米场面，人物柜前的活动是近写。这里，有旧毡帽朋友的失望与哀求，有米店老板的冷酷与奸诈，有米价贵贱的争议，有米质好坏的辩论，有斛子浅满的相持，有洋钱钞票的舌战，这些近写，共占去了 30 个段落，一千六百多字，写得十分详尽。但仅此易缺乏"面"感，于是作者还有四个段落远写了有关内容。这样，既有近距离的细致刻画，又有远距离的简略点墨，而又以前者为主，远近配合，互为补充，有力地表现了旧社会农民何等不幸的命运。

（3）动静结合，以动为主

场面描写与景物描写不同，景物描写侧重于客观自然环境的描写，以静态为主；而场面描写的重点则是众多人物的共同活动，以动态为主。可见，景物描写包括在场面描写之中，这就决定了场面描写不仅要写出人物生活的地点及其周围的客观环境，而且要展示人物的命运发展和言行举止、喜怒哀乐。

例如在《钢铁是怎样炼成的》这篇小说中，写到"筑路"这一段的时候，全文只描写了一个"筑路"的场面。这里，不仅有静态描写，如饱含雨水的乌云，一望无际的森林，阴郁枯瘦的老榆树，孤独的小车站，凄凉的石头房，新修的路基，遍地的泥泞，破旧的板棚等等；还有动态情景的描述，如匪徒的"洗劫"，捣蛋鬼的"破坏"，到处出现的"怠工"，懦弱者的"逃跑"，保尔的"吃苦头"，众人的"开会"，坚强者的"决心"，对逃跑者的"叱骂"等等。这样，静态的客观描述，渲染了艰苦的环境，烘托了人物性格；动态的充分展示，有力地表现了保尔和筑路队员们坚韧不拔的顽强革命意志和他们不屈不挠、忘我献身的自我牺牲精神。可谓动静有致，情趣盎然。

（4）纵横结合，以横为主

场面是在一定的空间和时间里出现的，作为反映现实生活的文学作品，场面描写也必然要展示相关的空间和时间。这空间就是"横"的描写，东南西北，左右前后，这里那里，无所不及；这时间就是"纵"的描写，上溯历史，联想以后，古往今来，无所不包。"横"写，意在展现人物的外在活动，体现场面描写的宽度；"纵"写，旨为反映人物的内在活动，增加场面描写厚度。前者是现实的，是眼前所见；后者是历史的或将来的，是心里所想。可见，场面描写必须是横向空间与纵向时间的最佳结合，但必须以横向现实描写为主。例如《挥手之间》，就充分显示了这一特点。

（5）多种描写结合，以言行描写为主

场面描写具有综合性，这就决定了必须采用多种描写手法进行场面描写，这些描写手法包括外貌描写、语言描写、行动描写、心理描写、景物描写、细节描写等等，它们有机结合，综合运用，而又以言行描写为主，这是因为在场面描写中它占着主导地位。例如《分马》就充分显示了这一特点。

当然，以上讲的这些场面描写的方法仅仅是方法而已。我们同学在写作的时候，不能够先想到方法，然后把这个方法生搬硬套到场面的描写中去，这样，必定会失败无疑，而应该是先有场面的内心图景，然后再考虑用什么样的方法去描写这一场面。

总之，"场面描写"需要观察，球场上激烈竞赛的场面、家宴中喜庆祥和的场面、劳动中你争我赶的场面、离别时依依不舍的场面、抢险中紧张危急的场面等都需要仔细地观察，只有这样，才能把握场面的特点，并充分地表现出来。

4. 场面描写的要点

在场面描写中，人物不能是一个，必须是很多个，并且要以人物描写为主，场面为辅。场面描写要为表现人物服务为突出中心服务的。场面描写少不了景物，人物的心理活动和语言。

场面描写，是故事情节发展中的横断面的描写。为了表现人物、表达主题，通常需要一些大的或小的场面。记叙体文章中，这种场面描写就构成了在一定时间和环境中，人物和人物相互发生关系的生活画面。

(1) 场面描写，要以"动"为主

在场面描写时，要刻画人物的活动，活动的发展、位置的转换、情绪的变化等。所以，场面描写必须以动态为中心，要在动态中写特征。

(2) 场面描写，要交代时间、地点和场面的气氛

使人易于掌握场面的总轮廓。场面总貌可按空间顺序描写，人物活动线索才会分明。

(3) 场面描写，要注意"点"和"面"的关系

也就是要把个别人活动的描写，或捕捉人物的细节与全场情景的概括描写紧密结合起来。这样才能突出形象，渲染气氛，加强艺术效果。

(4) 场面描写，要处理好场内、外的关系

即使读者了解场内事物的原委，也往往需要插叙场外自然的、历史的、社会的环境背景。但是，这种插叙必须言简意赅，衔接自然，而不能喧宾夺主，节外生枝。

（5）**场面中人、景、物的结合**

场面描写中，场面描写可以写人、写景、写事、写物相互结合。这样，使整个场面有动有静，形象真实而富有浓厚的生活气息。因此，场面描写笔角很宽，并需要多着墨。

5. 场面描写的作用

场面描写指的是在某一特定时间和特定地点范围内，以人物活动为中心的生活画面的描写。场面描写一般由"人"、"事"、"境"构成，它是叙事性作品的基本构成单位，是刻画人物、展开情节、表现主题的主要手段。下面具体谈谈场面描写的几种作用：

（1）**塑造人物，表现主题**

场面描写的最主要的作用是为塑造人物形象和表现作品主题服务的，但在具休运用中来看，作用又各所侧重。如吴伯萧的《记一辆纺车》中纺线场面的描写，具有"万马奔腾"之感。作者通过这一宏大的纷纭场面描写，把当年大生产运动的动人景象再现出来，深刻地表现了"延安军民自力更生的乐观精神和豪迈欢快感情"这一重大主题。

（2）**渲染气氛，烘托事物**

有的场面描写刻意渲染气氛，或喜悦恬静，或悲怆紧张，让人物在一定环境中真实地展开活动。都德的《最后一课》写上课的情景，巧妙地借助于一个无知顽童的冷静观察和心理分析，特别是对韩麦尔先生临下课之际感人至深的神态言行的细摹，在肃静而凝重的氛围的层层烘托渲染中，最后突然如火山爆发般地喷出爱国主义的激情，收到了强烈地感染读者的艺术效果。

（3）明示、暗点主题

有的场面描写着意突出主题，或明示，或暗点，让人物在活动中完成自己的使命，将作者的倾向在具体的场面描写中自然流露出来。杜鹏程的《夜走灵官峡》中有小成渝的妈妈指挥交通的一段场面描写："已经变成了一个雪人，像一尊石像。"这个场面描写表现出中国工人阶级不畏艰苦、坚守岗位的责任感和革命精神。

6. 场面描写与环境描写的区别

环境描写是指对人物所处的具体的社会环境和自然环境的描写。其中，社会环境是指能反映社会、时代特征的建筑、场所、陈设等景物以及民俗民风等。自然环境是指自然界的景物，如季节变化、风霜雨雪、山川湖海、森林原野等。

（1）环境描写主要有以下作用

一是交代故事的时代背景，如《孔乙己》中开头对鲁镇酒店的格局的描写；二是渲染气氛，如《故乡》中对故乡景象的描写；三是烘托人物性格，如《驿路梨花》中对小茅屋的描写。此外，还可推动故事情节的发展，映衬人物的心情，抒发作者的思想感情等。

运用环境描写要做到：目的明确，为表达中心思想服务；具体生动，给人身临其境之感；抓住特征，写出独具特色的景物。

场面描写是指对人物，往往是众多人物在一定时间和环境中的活动所构成的画面的描写。场面描写要做到：有条不紊，主次明晰；既有全景的描述，也有细致的特写；要写出特定场合的气氛。

（2）**场面描写与环境描写的不同在于**

环境描写是描写人物活动的客观环境，是"静态"的描写；而场面描写是以人物活动为中心的"动态"的描写。

有一篇作文，题目是《在阅览室里》。本文记叙人们在阅览室里学习文化科学知识的一个故事，反映出人们为了振兴中华、建设四化而发奋攻读的社会风气。文章第二段详细描写了阅览室的场面，烘托了人们专心读书的气氛，为后文的主要情节的记叙做了环境铺垫，"刚走到阅览室的门口，一股热气就迎面扑来。踏进阅览室一瞧，嗬，人真多啊！坐的坐，站的站，还有挤来挤去找位子的、觅书报的……然而却静得出奇，只有日光灯发出'吱——'的声响。我不禁屏息静气，插身进去。"如果没有这一段场面描写，不仅后文显得干瘪、突然，也使后文详写的典型事例显得孤立，失去了一定的代表性，淡化了主题。

细节描写是指作品中对一些富有艺术表现力的细小事物、人物的某些细微的举止行动，以及景物片断等的具体细腻的描写。

7. 场面写作注意事项

（1）**要交待清楚场面的背景**

如活动场面发生的时间、地点、环境等，这样人们才能知道场面是在怎样的社会或自然环境中发生的。

（2）**要在写好总体的基础上写具体**

写场面时，要对场面有总体概括，使读者对总体面貌有所了解。但场面同时也应该有重点部分，对这部分要写详细、写具体，做到有点有面。

（3）要写出气氛

气氛是人在一定环境中看到的景象或感觉到的一种情绪或感情。无论什么场面，都会有气氛，如庆祝场面有欢乐的气氛，比赛场面有紧张的气氛，送别场面有难舍难分的气氛等等。

（4）写场面要有顺序

场面是由人、事、景、物组合起来的综合画面，不可能几笔就同时都写出来。因此，写场面时要安排好先后的顺序。一般来说，场面描写可以按照由面到点来安排顺序。比如，描写庆祝教师节的场面，可以先写欢庆活动的总体气氛，勾勒"面"的情况，然后分别写校长、老师、同学的表现。这样就能点面结合、条理清楚。

场面描写即把活动的场面和情景有重点地具体地进行描写。关键是在场面描写中要写出应有的气氛，展示一幕幕精彩的场面，使人有种身临其境的感觉。

第二章

场面描写范文阅读

1. 上景山

● 许地山

无论那一季，登景山，最合宜的时间是在清早或下午三点以后。晴天，眼界可以望到天涯底朦胧处；雨天，可以欣赏雨脚底长度和电光底迅射；雪天，可以令人咀嚼着无色界底滋味。

在万春亭上坐着，定神看北上门后底马路（从前路在门前，如今路在门后），尽是行人和车马，路边底梓树都已掉了叶子。不错，已经立冬了，今年天气可有点怪，到现在还没冻冰。多谢芰荷底业主把残茎都去掉，教我们能看见紫禁城外护城河底水光还在闪烁着。

神武门上是关闭得严严地。最讨厌是楼前那枝很长的旗杆，侮辱了全个建筑底庄严。门楼两旁树它一对，不成吗？禁城上时时有人在走着，恐怕都是外国的旅人。

皇宫一所一所排列着非常整齐。怎么一个那么不讲纪律底民族，会建筑这么严整的宫廷？我对着一片黄瓦这样想着。不，说不讲纪律未免有点过火，我们可以说这民族是把旧的纪律忘掉，正在找一个新的咧。新的找不着，终究还要回来底。北京房子，皇宫也算在里头，主要的建筑都是向南底，谁也没有这样强迫过建筑者，说非这样修不可。但纪律因为利益所在，在不言中被遵守了。夏天受着解愠的熏风，冬天接着可爱的暖日，只要守着盖房子底法则，这利益是不用争而自来的。所以我们要问，在我们的政治社会里有这样的熏风和暖日吗？

最初在崖壁上写大字铭功底是强盗底老师，我眼睛看着神武门上底几个大字，心里想着李斯。皇帝也是强盗的一种，是个白痴强盗。

他抢了天下，把自己监禁在宫中，把一切宝物聚在身边，以为他是富有天下。这样一代过一代，到头来还是被他底糊涂奴仆，或贪婪臣宰，讨，瞒，偷，换，到连性命也不定保得住。这岂不是个白痴强盗？在白痴强盗底下才会产出大盗和小偷来。一个小偷，多少总要有一点跳女墙钻狗洞底本领，有他底禁忌，有他的信仰和道德。大盗只会利用他底奴性去请托攀缘，自赞赞他，禁忌固然没有，道德更不必提。谁也不能不承认盗贼是寄生人类底一种，但最可杀的是那班为大盗之一底斯文贼。他们不像小偷为延命去营鼠雀底生活；也不像一般的大盗，凭着自己的勇敢去抢天下。所以明火打劫底强盗最恨底是斯文贼。这里我又联想到张献忠。有一次他开科取士，檄诸州举贡生员。后至者妻女充院，本犯剥皮，有司教官斩，连坐十家。诸生到时，他要他们在一丈见方底大黄旗上写个帅字，字画要像斗底粗大，还要一笔写成。一个生员王志道缚草为笔，用大缸贮墨汁将草笔泡在缸里，三天，再取出来写，果然一笔写成了。他以为可以讨献忠底喜欢，谁知献忠说："他日图我必定是你。"立即把他杀来祭旗。献忠对待念书人是多么痛快。他知道他们是寄生底寄生。他底使命是来杀他们。

东城西城底天空中，时见一群一群旋飞底鸽子。除去打麻雀，逛窑子，上酒楼以外，这也是一种古典的娱乐。这种娱乐也来得群众化一点。它能在空中发出和悦的响声，翩翩地飞绕着，教人觉得在一个灰白色的冷天，满天乱飞乱叫底老鸹底讨厌。然而在刮大风底时候，若是你有勇气上景山底最高处，看看天安门楼屋脊上底鸦群，噪叫底声音是听不见，它们随风飞扬，直像从什么大树飘下来底败叶，凌乱得有意思。

万春亭周围被挖得东一沟，西一窟。据说是管宫底当局挖来试看煤山是不是个大煤堆，像历来的传说所传底，我心里暗笑信这说底人们。是不是因为北宋亡国底时候，都人在城被围时，拆毁艮岳底建筑木材去充柴火，所以计划建筑北京底人预先堆起一大堆煤，万一都城被围时，人民可以不拆宫殿。这是笨想头。若是我来计划，最好来一个米山。米在万急的时候，也可以生吃，煤可无论如何吃不得。又有人说景山是太行底最终一峰。这也是瞎说。从西山往东几十里平原，可怎么不偏不颇，在北京城当中出了一座景山？若说北京底建设就是对着景山底子午，为什么不对北海底琼岛？我想景山明是开紫禁城外底护城河所积底土，琼岛也是垒积从北海挖出来底土而成底。

从亭后底桲树缝里远远看见鼓楼。地安门前后底大街，人马默默地走，城市底喧嚣声，一点也听不见。鼓楼是不让正阳门那样雄壮地挺着。它底名字，改了又改，一会是明耻楼，一会又是齐政楼，现在大概又是明耻楼吧。明耻不难，雪耻得努力。只怕市民能明白那耻底还不多，想来是多么可怜。记得前几年"三民主义""帝国主义"这套名词随着北伐军到北平底时候，市民看些篆字标语，好像都明白各人蒙着无上的耻辱，而这耻辱是由于帝国主义底压迫。所以大家也随声附和，唱着打倒和推翻。

从山上下来，崇祯殉国底地方依然是那棵半死的槐树。据说树上原有一条链子锁着，庚子联军入京以后就不见了。现在那枯槁的部分，还有一个大洞，当时的链痕还隐约可以看见。义和团运动底结果，从解放这棵树，发展到解放这民族。这是一件多么可以发人深思底对象呢？山后底柏树发出幽恬底香气，好像是对于这地方底永远供物。

寿皇殿锁闭得严严地，因为谁也不愿意努尔哈赤底种类再做白痴的梦。每年底祭祀不举行了，庄严的神乐再也不能听见，只有从乡间进城来唱秧歌底孩子们，在墙外打底锣鼓，有时还可以送到殿前。

到景山门，回头仰望顶上方才所坐底地方，人都下来了。树上几只很面熟却不认得底鸟在叫着。亭里残破的古佛还坐着结那没人能懂底手印。

2. 世界公园的瑞士

◉ 邹韬奋

记者此次到欧洲去，原是抱着学习或观察的态度，并不含有娱乐的雅兴，所以号称世界公园的瑞士，本不是我所注意的国家，但为路途经过之便，也到过该国的五个地方，在青山碧湖的环境中，惊叹"世界公园"之名不虚传。因为全瑞士都是在翠绿中，除了房屋和石地外，全瑞士没有一亩地不是绿草如茵的，平常的城市是一个或几个公园，瑞士全国便是一个公园；就是树阴和花草所陪衬烘托着的房屋，他们也喜欢在墙角和窗上栽着或排着艳花绿草，房屋都是小巧玲珑，雅洁簇新的（因为人民自己时常油漆粉刷的，农村中的房屋也都如此）。墙色有绿的，有黄的，有青的，有紫的，隐约显露于树草花丛间，真是一幅美妙绝伦的图画！

记者于八月十七日下午十二点离开意大利的米兰，两点钟到了瑞士的齐亚索，便算进了"世界公园"的境地。由此处起，便全是用着电气的火车（瑞士全国都用电气火车，非常洁净），在火车上遇着的乘客也和在意大利境内所看见的"马虎"的朋友们不同，衣服都特别的整洁，精神也特别的抖擞，就是火车上的售卖员的衣冠态度也和"马虎"派的迥异，这种划若鸿沟的现象，很令冷眼旁观的人感到惊讶。由此乘火车经过阿尔卑斯山（Alps）下的世界有名的第二山洞（此为火车经过的山洞，工程艰难和山洞之长，列世界第二），气候便好像由燥热的夏季立刻变为阴凉的秋天。在意大利火车中所见的东一块荒地西一块荒地的景况，至此则两旁都密布着修得异常整齐的绿坡，赏心悦目，突入另一种境界了。所经各处，常在海平线三四十尺以上，空气的清新固无足怪，远观积雪绕云的阿尔卑斯山的山峰矗立，俯瞰平滑如镜的湖面映着青翠欲滴的山景，无论何人看了，都要感觉到心醉的。我们到了琉森湖（Lake of Lucerne）的开头处的小埠佛露哀伦（Fluelen），已在下午五点多钟，因打算第二天早晨弃火车而乘该处特备的小轮渡湖（须三小时才渡到琉森城，即该湖的一尽头），所以特在湖滨的一个旅馆里歇息了一夜。这个旅馆开窗见湖面山，设备得雅洁极了，但旅客却寥若晨星，大概也受了世界经济恐慌的波及。

这段路本来可乘火车，但要游湖的，也可以用所买的火车连票，乘船渡湖，不过买火车票时须声明罢了。我们于十八日上午九时左右依计划离佛露哀伦，乘船渡湖。这轮船颇大，是专备湖里用的，设备很整洁，船面上一列一列的排了许多椅子备旅客坐。我们在船上遇着二三十个男女青年，自十二三岁至十七八岁，由一个教师领导，大家背后都背着黄色帆布制的行囊，用皮带缚到胸前，手上都拿着一根手杖，这一班健美快乐的孩子，真令人爱慕不止！他们乘一小段的水路后，便又在一个码头上岸去，大概又去爬山了。

最可笑的是那位领导的教员谈话的声音姿态，完全像在课堂上教书的神气，又有些像演说的口气和态度，大概是他在课堂上养成的习惯。在沿途各站（在湖旁岸上沿途设有船站，也可说是码头），设备也很讲究，上船的游客渐多，大都是成双或带有幼年子女而来的。有三个五十来岁发已斑白的老妇人，也结队而来，背上也负着行囊，手上也拿着手杖，有两个眼上架着老花眼镜，有一个还拿着地图口讲指划，兴致不浅。这也可看出西人个人主义的极致，这类老太婆也许有她们的子女，但年纪大了各走各的路，和中国的家族主义迥异，所以老太婆和老太婆便结了伴。这种现象，我后来越看越多了。

船上有一老者又把我们当作日本人，他大概有搜集各种邮票的嗜

16

好，问我们有没有日本的邮票，结果他当然大失所望！

我们当天十二点三刻就乘船到了琉森城，这是瑞士琉森邦（瑞士系联邦制，有二十二邦）的最为游客所常到的一个城市，在以美丽著名的琉森湖的末端。我们上岸略事游览，即于下午四点钟乘火车往瑞士苏黎世邦的最大的一个城市（也名苏黎世，人口二十万余人），一小时左右即到。该城丝的出产仅次于法国的里昂，布匹和机械的生产很盛，是瑞士的主要的经济中心地点，同时也是由法国到东欧及由德国和北欧往意大利的交通要道。该处有苏黎世湖，我们到后仅能于晚间在湖滨略为赏鉴，于第二日早晨，我们这五个人的小小旅行团便分散，除记者外，他们都到德国去。记者便独自一人，于上午十点零四分，提着一个衣箱和一个小皮包，乘火车向瑞士的首都伯尔尼进发，下午一点三十五分才到。在车站时，因向站上职员询问赴伯尔尼的月台（国外车站上的月台颇多，以号码为志），他劝我再等一小时有快车可乘，我正欲在沿途看看村庄情形，故仍乘着慢车走。离了团体，一个人独行之后，前后左右都是黄发碧眼儿了。

团体旅行和个人旅行，各有利弊。其实在欧洲旅行，有关于各国的西义指南可作游历的根据，只须言语可通，经济不发生问题（团体旅行，有许多可省处），个人旅行所得的经验只有比团体旅行来得多。记者此次脱离团体后，即靠着一本英文的《瑞士指南》，并温习了几句问路及临时应付的法语，便独自一人带着《指南》，按着其中的说明和地图，东奔西窜着，倒也未曾做过怎样的"阿木林"。

记者到瑞士的首都伯尔尼后，已在八月十九日的下午，租定了一个旅馆后，决意在离开瑞士之前，要把关于游历意大利所得的印象和感想的通讯写完，免得文债积得太多，但因精神疲顿已极，想略打瞌睡，不料步武猪八戒，一躺下去，竟不自觉地睡去了半天，夜里才用全部时间来写通讯。二十日上午七点钟起身后继续写，才把《表面和里面——罗马和那不勒斯》一文写完付寄。关于瑞士，我已看了好几个地方，很想找一个在当地久居的朋友谈谈，俾得和我所观察的参证参证。于是在九点后，姑且照所问得的中国公使馆地址，去找找看有什么人可以谈谈，同时看看沿途的胜景。一跑跑了三小时，走了不少的山径，才找到挂着公使馆招牌的屋子。规模很小，尤妙的是公使一人之外，就只有秘书一人，阍人是他，书记是他，打字员也是他，号称一个公使馆，就只有这无独有偶的两个人（不过还有一个老妈子烧饭）！问原因说是经费窘迫（日本驻瑞的公使馆，除公使外，有秘书及随员三人、打字员两人、顾问〔瑞士人〕一人及仆役等）。记者撳电铃后，出来开门的当然就是这位兼任阍人等等的秘书先生，他是一位在瑞士已有十三四年的苏州人，满口苏白，叫苦连天。我们一谈却谈了两小时之久，所得材料颇足供参考，当采入下篇通讯里。可是我却因此饿了一顿中餐。

八月二十一日下午乘两点二十分火车赴日内瓦，四点五十分到。在该处除又写了《离意大利后的杂感》一文外，所游的胜景以日内瓦湖为最美。但是这样美的瑞士，却也受到世界经济恐慌的影响。其详当于下篇里再谈。

8月25日记于巴黎

（选自《韬奋文集》第2卷）

3. 翡冷翠山居闲话

◉ 徐志摩

在这里出门散步去，上山或是下山，在两个晴好的五月的夜晚，正像是去赴一个美的宴会，比如去一果子园，那边每株树上都是满挂着诗情最秀逸的果实，假如你单是站着看还不满意时，只要一伸手就可以采取，可以恣尝鲜味，足够你性灵的迷醉。阳光正好暖和，决不过暖；风息是温驯的，而且往往因为他是从繁花的山林里吹度过来他带来一股幽远的淡香，连着一息滋润的水气，摩挲你的颜面，轻绕着你的肩腰，就这单纯的呼吸已是无穷的愉快；空气总是明净的，近谷内不生烟，远山上不起霭，那美秀风景全部正像画面片似的展露在你的眼前，供你闲暇的鉴赏。

作客山中的妙处，尤在你永不须踌躇你的服色与体态；你不妨摇曳着一头的蓬草，不妨纵容你满腮的苔藓；你爱穿什么就穿什么；扮一个牧童，扮一个渔翁，装一个农夫，装一个走江湖的桀卜闪，装一个猎户；你再不必提心整理你的领结，你尽可以不用领结，给你的颈根与胸膛一半日的自由，你可以拿一条这边颜色的长巾包在你的头上，学一个太平军的头目，或是拜伦那埃及装的姿态；但最要紧的是穿上你最旧的旧鞋，别管他模样不佳，他们是顶可爱的好友，他们承着你的体重却不叫你记起你还有一双脚在你的底下。

这样的玩顶好是不要约伴，我竟想严格的取缔，只许你独身；因为有了伴多少总得叫你分心，尤其是年轻的女伴，那是最危险最专制不过的旅伴，你应得躲避她像你躲避青草里一条美丽的花蛇！平常我们从自己家里走到朋友的家里，或是我们执事的地方，那无非是在同一个大牢里从一间狱室移到另一间狱室去，拘束永远跟着我们，自由永远寻不到我们；但在这春夏间美秀的山中或乡间你要是有机会独身闲逛时，那才是你福星高照的时候，那才是你实际领受，亲口尝味，自由与自在的时候，那才是你肉体与灵魂行动一致的时候；朋友们，我们多长一岁年纪往往只是加重我们头上的枷，加紧我们脚胫上的链，我们见小孩子在草里在沙堆里在浅水里打滚作乐，或是看见小猫追他自己的尾巴，何尝没有羡慕的时候，但我们的枷，我们的链永远是制定我们行动的上司！所以只有你单身奔赴大自然的怀抱时，像一个裸体小孩扑入他母亲的怀抱时，你才知道灵魂的愉快是怎样的，单是活着的快乐是怎样的，单就呼吸单就走道单就张眼看耸耳听的幸福是怎样的。因此你，得严格的为己，极端的自私，只许你，体魄与性灵，与自然同在一个脉搏里跳动，同在一个音波里起伏，同在一个神奇的宇宙里自得。我们浑朴的天真是像含羞草似的娇柔，一经同伴的抵触，他就卷了起来，但在澄静的日光下，和风中，他的姿态是自然的，他的生活是无阻碍的。

你一个人漫游的时候，你就会在青草里坐地仰卧，甚至有时打滚，因为草的和暖的颜色自然的唤起你童稚的活泼；在静僻的道上你就会不自主的狂舞，看着你自己的身影幻出种种诡异的变相，因为道旁树木的阴影在他们纡徐的婆娑里暗示你舞蹈的快乐；你也会得信口的歌唱，偶尔记起断片的音调，与你自己随口的小曲，因为树林中的莺燕告诉你春光是应得赞美的；更不必说你的胸襟自然会跟着漫长的山径开拓，你的心地会看着澄蓝的天空静定，你的思想和着山壑间的水声，山罅里的泉响，有时一澄到底的清澈，有时激起成章的波动，流，流，流入凉爽的橄榄林中，流入妩媚的阿诺河去……

并且你不但不须应伴，每逢这样的游行，你也不必带书。书是理想的伴侣，但你应得带书，是在火车上，在你住处的客室里，不是在你独身漫步的时候。什么伟大的深沉的鼓舞的清明的优美的思想的根源不是可以在风籁中，云彩里，山势与地形的起伏里，花草的颜色与香息里寻得？自然是最伟大的一部书，葛德说，在他每一页的字句里我们读得最深奥的消息，并且这书上的文字是人人懂得的；阿尔帕斯与五老峰，雪西里与普陀山，莱茵河与扬子江，梨梦湖与西子湖，建兰与琼花，杭州西溪的芦雪与威尼市夕照的红潮，百灵与夜莺，更不是一般黄的黄麦，一般紫的紫藤，一般青的青草同在大地上生长，同在和风中波动——他们应用的符号是永远一致的，他们的意义是永远明显的，只要你自己心灵上不长疮瘢，眼不盲，耳不塞，这无形迹的最高等教育便永远是你的名分，这不取费的最珍贵的补剂便永远供你的受用；只要你认识了这一部书，你在这世界上寂寞时便不寂寞，穷困时不穷困，苦恼时有安慰，挫折时有鼓励，软弱时有督责，迷失时有指南针。

4. 泰山日出

◉ 徐志摩

　　我们在泰山顶上看出太阳。在航过海的人，看太阳从地平线下爬上来，本不是奇事；而且我个人是曾饱饫过江海与印度洋无比的日彩的。但在高山顶上看日出，尤其在泰山顶上，我们无餍的好奇心，当然盼望一种特异的境界，与平原或海上不同的。果然，我们初起时，天还暗沉沉的，西方是一片的铁青，东方些微有些白意，宇宙只是——如用旧词形容——一体莽莽苍苍的。但这是我一面感觉劲烈的晓寒，一面睡眠不曾十分醒豁时约略的印象。等到留心回览时，我不由得大声地狂叫——因为眼前只是一个见所未见的境界。原来昨夜整夜暴风的工程，却砌成一座普遍的云海。除了日观峰与我们所在的玉皇顶以外，东西南北只是平辅着弥漫的云气。在朝旭未露前，宛似无量数厚毳长绒的绵羊，交颈接背的眠着，卷耳与弯角都依稀辨认得出。那时候在这茫茫的云海中，我独自站在雾霭溟蒙的小岛上，发生了奇异的幻想——

　　我躯体无限的长大，脚下的山峦比例我的身量，只是一块拳石；

21

这巨人披着散发，长发在风里像一面黑色的大旗，飒飒的在飘荡。这巨人竖立在大地的顶尖上，仰面向着东方，平拓着一双长臂，在盼望，在迎接，在催促，在默默地叫唤；在崇拜，在祈祷在流泪——在流久慕未见而将见悲喜交互的热泪……

这泪不是空流的，这默祷不是不生显应的。

巨人的手，指向着东方——

东方有的，在展露的，是什么？

东方有的是瑰丽荣华的色彩，东方有的是伟大普照的光明出现了，到了，在这里了……

玫瑰汁、葡萄浆、紫荆液、玛瑙精、霜枫叶——大量的染工，在层累的云底工作，无数蜿蜒的鱼龙，爬进了苍白色的云堆。

一方的异彩，揭去了满天的睡意，唤醒了四隅的明霞——光明的神驹，在热奋地驰骋……

云海也活了，眼熟了兽形的涛澜，又回复了伟大的呼啸，昂头摇尾地向着我们朝露染青馒形的小岛冲洗，激起了四岸的水沫浪花，震荡着这生命的浮礁，似在报告光明与欢欣之临在……

再看东方——海句力士已经扫荡了他的阻碍，雀屏似的金霞，从无垠的肩上产生，展开在大地的边沿。起……起……用力，用力。纯焰的圆颅，一探再探地跃出了地平，翻登了云背，临照在天空……

歌唱呀，赞美呀，这是东方之复活，这是光明的胜利……

散发祷祝的巨人，他的身彩横亘在无边的云海上，已经渐渐的消翳在普遍的欢欣里；现在他雄浑的颂美的歌声，也已在霞采变幻中，普彻了四方八隅……

听呀，这普彻的欢声；看呀，这普照的光明！

5. 巴黎的鳞爪

◉ 徐志摩

　　咳巴黎！到过巴黎的一定不会再稀罕天堂；尝过巴黎的，老实说，连地狱都不想去了。整个的巴黎就像是一床野鸭绒的垫褥，衬得你通体舒泰，硬骨头都给熏酥了的——有时许太热一些。那也不碍事，只要你受得住。赞美是多余的，正如赞美天堂是多余的；咒诅也是多余的，正如咒诅地狱是多余的。巴黎，软绵绵的巴黎，只在你临别的时候轻轻地嘱咐一声："别忘了，再来！"其实连这都是多余的。谁不想再去？谁忘得了？

　　香草在你的脚下，春风在你的脸上，微笑在你的周遭。不拘束你，不责备你，不督饬你，不窘你，不恼你，不揉你。它搂着你，可不缚住你：是一条温存的臂膀，不是根绳子。它不是不让你跑，但它那招逗的指尖却永远在你的记忆里晃着。多轻盈的步履，罗袜的丝光随时可以沾上你记忆的颜色！

　　但巴黎却不是单调的喜剧。赛因河的柔波里掩映着罗浮宫的情影，它也收藏着不少失意人最后的呼吸。流着，温驯的水波；流着，缠绵的恩怨。咖啡馆：和着交颈的软语，开怀的笑声，有踞坐在屋隅里蓬头少年计较自毁的哀思。跳舞场：和着翻飞的乐调，迷醇的酒香，有独自支颐的少妇思量着往迹的怆心。浮动在上一层的许是光明，是欢畅，是快乐，是甜蜜，是和谐；但沉淀在底里阳光照不到的才是人事经验的本质：说重一点是悲哀，说轻一点是惆怅：谁不愿意永远在轻快的流波里漾着，可得留神了你往深处去时的发现！

　　一天一个从巴黎来的朋友找我闲谈，谈起了劲，茶也没喝，烟也没吸，一直从黄昏谈到天亮，才各自上床去躺了一歇，我一阖眼就回到了巴黎，方才朋友讲的情境恍恍的把我自己也缠了进去；这巴黎的梦真醇人，醇你的心，醇你的意志，醇你的四肢百体，那味儿除是亲尝过的谁能想象！——我醒过来时还是迷糊的忘了我在那儿，刚巧一个小朋友进房来站在我的床前笑吟吟喊我"你做什么梦来了，朋友，为什么两眼潮潮的像哭似的？"我伸手一摸，果然眼里有水，不觉也失笑了——可是朝来的梦，一个诗人说的，同是这悲凉滋味，正不知这泪是为那一个梦流的呢！

　　下面写下的不成文章，不是小说，不是写实，也不是写梦，——在我写的人只当是随口曲，南边人说的"出门不认货"，随你们宽容的读者们怎样看罢。

　　出门人也不能太小心了，走道总得带些探险的意味。生活的趣味大半就在不预期的发现，要是所有的明天全是今天刻板的化身，那我们活什么来了？正如小孩子上山就得采花，到海边就得捡贝壳，书呆子进图书馆想捞新智慧——出门人到了巴黎就想……

　　你的批评也不能过分严正不是？少年老成——什么话！老成是老年人的特权，也是他们的本分；说来也不是他们甘愿，他们是到了年纪不得不。少年人如何能老成？老成了才是怪哪！

　　放宽一点说，人生只是个机缘巧合；别瞧日常生活河水似的流得平顺，它那里面多的是潜流，多的是漩涡——轮着的时候谁躲得了给卷了进去？那就是你发愁的时候，是你登仙的时候，是你辨着酸的时候，是你尝着甜的时候。

　　巴黎也不定比别的地方怎样不同：不同就在那边生活流波里的潜流更猛，漩涡更急，因此你叫给卷进去的机会也就更多。

　　我赶快得声明我是没有叫巴黎的漩涡给淹了去——虽则也就够险。

24

多半的时候我只是站在赛因河岸边看热闹，下水去的时候也不能说没有，但至多也不过在靠岸清浅处溜着，从没敢往深处跑——这来漩涡的纹螺，势道，力量，可比远在岸上时认清楚多了。

九小时的萍水缘

我忘不了她。她是在人生的急流里转着的一张萍叶，我见着了它，掬在手里把玩了一晌，依旧交还给它的命运，任它漂流去——它以前的漂泊我不曾见来，它以后的漂泊，我也见不着，但就这曾经相识匆匆的恩缘——实际上我与她相处不过九小时——已在我的心泥上印下踪迹，我如何能忘，在忆起时如何能不感须臾的惆怅？

那天我坐在那热闹的饭店里瞥眼看着她，她独坐在灯光最暗漆的屋角里，这屋内哪一个男子不带媚态，哪一个女子的胭脂口上不沾笑容，就只她：穿一身淡素衣裳，戴一顶宽边的黑帽，在紧密的睫毛上隐隐闪亮着深思的目光——我几乎疑心她是修道院的女僧偶尔到红尘里随喜来了。我不能不接着注意她，她的别样的支颐的倦态，她的细长的手指，她的落漠的神情，有意无意间的叹息，现在都激发我的好奇——虽则我那时左边已经坐下了一个瘦的，右边来了肥的，四条光滑的手臂不住的在我面前晃着酒杯。但更使我奇异的是她不等跳舞开始就匆匆的出去了，好像害怕或是厌恶似的。第一晚这样，第二晚又是这样：独自默默的坐着，到时候又匆匆的离去。到了第三晚她再来的时候我再也忍不住不想法接近她。第一次得着的回音，虽则是"多谢好意，我再不愿交友"的一个拒绝只是加深了我的同情的好奇。我再不能放过她。巴黎的好处就在处处近人情；爱慕的自由是永远容许的。你见谁爱慕谁想接近谁，决不是犯罪，除非你在经程中泄漏了你的粗气暴气，陋相或是贫相，那不是文明的巴黎人所能容忍的。只要你"识相"，上海人说的，什么可能的机会你都可以利用。对方人理你不理你，当然又是一回事；但只要你的步骤对，文明的巴黎人决不让你难堪。

我不能放过她。第二次我大胆写了个字条付中间人——店主人——交去。我心里直怔怔的怕讨没趣。可是回话来了——她就走了，你跟着去吧。

她果然在饭店门口等着我。

你为什么一定要找我说话，先生，像我这再不愿意有朋友的人？

她张着大眼睛看我，口唇微微的颤着。

我的冒昧是不望恕的，但是我看了你忧郁的神情我足足难受了三天，也不知怎的我就想接近你，和你谈一次话，如其你许我，那就是我的想望，再没有别的意思。

真的她那眼内绽出了泪来，我话还没说完。

想不到我的心事又叫一个异邦人看透了……她声音都哑了。

我们在路灯的灯光下默默地互注了一晌，并着肩沿马路走去，走不到多远她说不能走，我就问了她的允许雇车坐上，直望波龙尼大林园清凉的暑夜里兜去。

原来如此，难怪你听了跳舞的音乐像是厌恶似的，但既然不愿意何以每晚还去？

那是我的感情作用；我有些舍不得不去，我在巴黎一天，那是我最初遇见——他的地方，但那时候的我……可是你真的同情我的际遇吗，先生？我快有两个月不开口了，不瞒你说，今晚见了你我再也不能制止，我爽性说给你我的生平的始末吧，只要你不嫌。我们还是回那饭庄去罢。

你不是厌烦跳舞的音乐吗？

她初次笑了。多齐整洁白的牙齿，在道上的幽光里亮着！

有了你我的生气就回复了不少，我还怕什么音乐？

我们俩重进饭庄去选一个基角坐下，喝完了两瓶香槟，从十一时舞影最凌乱时谈起，直到早三时客人散尽侍役打扫屋子时才起身走，我在她的可怜身世的演述中遗忘了一切，当前的歌舞再不能分我丝毫的注意。

下面是她的自述。

我是在巴黎生长的。我从小就爱读天方夜谭的故事，以及当代描写东方的文学；啊东方，我的童真的梦魂那一刻不在它的玫瑰园中留恋？十四岁那年我的姊姊带我上北京去住，她在那边开一个时式的帽铺，有一天我看见一个小身材的中国人来买帽子，我就觉着奇怪，一来他长得异样的清秀，二来他为什么要来买那样时式的女帽；到了下午一个女太太拿了方才买去的帽子来换了，我姊姊就问她那中国人是谁，她说是她丈夫，说开了头她就讲她当初怎样为爱他触怒了自己的父母，结果断绝了家庭和他结婚，但她一点也不追悔因为她的中国丈夫待她怎样好法，她不信西方人会得像他那样体贴，那样温存。我再也忘不了她说话时满心怡悦的笑容。从此我仰慕东方的私衷又添深了一层颜色。

我再回巴黎的时候已经成长了，我父亲是最宠爱我的，我要什么他就给我什么。我那时就爱跳舞，啊，那些迷醉轻易的时光，巴黎那一处舞场上不见我的舞影。我的妙龄，我的颜色，我的体态，我的聪慧，尤其是我那媚人的大眼——啊，如今你见的只是悲惨的余生再不留当时的丰韵——制定了我初期的堕落。我说堕落不是？是的，堕落，人生那处不是堕落，这社会那里容得一个有姿色的女人保全她的清洁？我正快走入险路的时候，我那慈爱的老父早已看出我的倾向，私下安排了一个机会，叫我与一个有爵位的英国人接近。一个十七岁的女子那有什么主意，在两个月内我就做了新娘。

说起那四年结婚的生活，我也不应得过分的抱怨，但我们欧洲的势利的社会实在是树心里生了蠹，我怕再没有回复健康的希望。我到

27

伦敦去做贵妇人时我还是个天真的孩子，哪有什么机心，那懂得虚伪的卑鄙的人间的底里，我又是个外国人，到处遭受嫉忌与批评。还有我那叫名的丈夫。他娶我究竟为什么动机我始终不明白，许贪我年轻贪我貌美带回家去广告他自己的手段，因为真的我不曾感着他一息的真情；新婚不到几时他就对我冷淡了，其实他就没有热过，碰巧我是个傻孩子：一天不听着一半句软语，不受些温柔的怜惜，到晚上我就不自制的悲伤。他有的是钱，有的是趋奉馅媚，成天在外打猎作乐。我愁了不来慰我，我病了不来问我，连着三年抑郁的生涯完全消灭了我原来活泼快乐的天机，到第四年实在耽不住了。我与他吵一场回巴黎再见我父亲的时候，他几乎不认识我了，我自此就永别了我的英国丈夫。因为虽则实际的离婚手续在他方面到前年方始办理，他从我走了后也就不再来顾问我——这算是欧洲人夫妻的情分！

我从伦敦回到巴黎，就比久困的雀儿重复飞回了林中，眼内又有了笑，脸上又添了春色，不但身体好多，就连童年时的种种想望又中我心头活了回来。三四年结婚的经验更叫我厌恶西欧，更叫我神往东方。东方，啊浪漫的多情的东方！我心里常常的怀念着。有一晚，那一个运定的晚上，我就在这屋子内见着了他，与今晚一样的歌声，一样的舞影，想起还不就是昨天，多飞快的光阴，就可怜我一个单薄的女子，无端叫运神摆布，在情网里颠连，在经验的苦海里沉沦，朋友，我自分是已经埋葬了的活人，你何苦又来逼着我把往事掘起，我的话是简短的，但我身受的苦恼，朋友，你信我，是不可量的；你望我的眼里看，凭着你的同情你可以在刹那间领会我灵魂的真际！

他是菲利滨人，也不知怎的我初次见面就迷了他。他肤色是深黄的，但他的性情是不可信的温柔；他身材是短的，但他的私语有多叫人魂销的魔力？啊，我到如今还不能怨他；我爱他太深，我爱他太真，我如何能一刻忘他！虽则他到后来也另一样的薄情，一样的冷酷，你不倦么，朋友，等我讲给你听？

我自从认识了他我便倾注给他我满怀的柔情，我想他，那负心的他，也够他的享受，那三个月神仙似的生活！我们差不多每晚在此聚会的。秘谈是他与我，欢舞是他与我，人间再有更甜美的经验吗？朋友你知道痴心人赤心爱恋的疯狂吗？因为不仅满足了我私心的想望，我十多年梦魂缭绕的东方理想的实现。有他我什么都有了，此外我更有什么沾恋？因此等到我家里为这事情与我开始交涉的时候，我更不踌躇的与我生身的父母根本决绝。我此时又想起了我垂髫时在北京见着的那个嫁中国人的女子，她与我一样也为了痴情牺牲一切，我只希冀她这时还能保持着她那纯爱的生活，不比我这失运人成天在幻灭的辛辣中回味。

我爱定了他。他是在巴黎求学的，不是贵族，也不是富人，那更使我放心，因为我早年的经验使我迷信真爱情是穷人力能供给的。谁知他骗了我——他家里也是有钱的，那时我在热恋中抛弃了家，牺牲了名誉，跟了这黄脸人离却了巴黎，辞别了欧洲，经过一个月的海程，我就到了我理想的灿烂的东方。啊我那时的希望与快乐！但才出了红海，他就上了心事，经我再三的逼他才告诉他家里的实情，他父亲是菲律宾最有钱的土著，性情是极严厉的，他怕轻易不能收受我进他们的家庭。我真不愿意把此后可怜的身世烦你的听，朋友，但那才是我痴心人的结果，你耐心听着吧！

东方，东方才是我的烦恼！我这回投进了一个更陌生的社会，呼吸更沉闷的空气；他们自己中间也许有他们温软的人情，但轮着我的却一样还只是猜忌与讥刻，更不容情的刺袭我的孤独的性灵。果然他的家庭不容我进门，把我看作一个"巴黎淌来的可疑妇人"。我为爱他也不知忍受了多少不可忍的侮辱，吞了多少悲泪，但我自慰的是他对我不变的恩情。因为在初到的一时他还是不时来慰我——我独自赁屋住着。但慢慢的也不知是人言浸润还是他原来爱我不深，他竟然表示割绝我的意思。朋友，试想我这孤身女子牺牲了一切为的还不是他的爱，如今连他都离了我，那我更有什么生机？我怎的始终不曾自毁，我至今还不信，因为我那时真的是没有路走了。我又没有钱，他狠心丢了我，我如何能再去缠他？这也许是我们白种人的倔强，我不久便揩干了眼泪，出门去自寻活路。我在一个菲美合种人的家里寻得了一个保姆的职务；天幸我生性是耐烦领小孩的——我在伦敦的日子没孩子管就养猫弄狗——救活我的是那三五个灵活的孩子，黑头发短手指的乖乖。在那炎热的岛上我是过了两年没颜色的生活，得了一次凶险的热病，从此我面上再不存青年期的光彩。我的心境正稍稍回复平衡的时候，两件不幸的事情又临着了我：一件是我那他与另一女子的结婚，这消息使我昏绝了过去；一件是被我弃绝的慈父也不知怎的问得了我的踪迹来电说他老病快死要我回去。啊天罚我！等我赶回巴黎的时候正好赶着与老人诀别，忏悔我先前的造孽！

从此我在人间还有什么意趣？我只是个实体的鬼影，活动的尸体；我的心也早就死了，再也不起波澜；在初次失望的时候我想象中还有了辽远的东方，但如今东方只在我的心上下一个鲜明的新伤，我更有什么希冀，更有什么心情？但我每晚还是不自主的要饭店里来小坐，正如死去的鬼魂忘不了他的老家！我这一生的经验本不想再向人前吐露的，谁知又碰着了你，苦苦的追着我，逼我再一度撩拨死尽的火灰，这来你够明白了，为什么我老是这落寞的神情，我猜你也是过路的客人，我深深自幸又接近一次人情的温慰，但我不敢希望什么，我的心是死定了的，时候也不早了，你看方才舞影凌乱的地上现在只剩一片冷淡的灯光，侍役们已经收拾干净，我们也该走了，再会吧，多情的朋友！

6. 卢沟晓月

◉ 王统照

"苍凉自是长安日，呜咽原非陇头水。"

这是清代诗人咏卢沟桥的佳句，也许，长安日与陇头水六字有过分的古典气息，读去有点碍口。但，如果你们明了这六个字的来源，用联想与想像的力量凑合起，提示起这地方的环境，风物，以及历代的变化，你自然感到像这样"古典"的应用确能增加卢沟桥的伟大与美丽。

打开一本详明的地图，从现在的河北省、清代的京兆区域里你可找得那条历史上著名的桑乾河。在往古的战史上，在多少吊古伤今的诗人的笔下，桑乾河三字并不生疏。但，说到治水、㶟水、漯水这三个专名，似乎就不是一般人所知了。还有，凡到这北平的人，谁不记得北平城外的永定河，——即不记得永宓河，而外城的正南门，永定门，大概可说是"无人不晓"罢。我虽不来与大家谈考证，讲水经，因为要叙叙卢沟桥，却不能不谈到桥下的水流。

治水、㶟水、漯水，以及俗名的永定河，其实都是那一道河流——桑乾。

还有，一条不甚生疏，而在普通地理书上不大注意的是另外一道大流——浑河。浑河源出浑源，距离著名的恒山不远，水色浑浊，所以又有小黄河之称。在山西境内已经混入桑乾河，经怀仁，大同，委婉曲折，至河北的怀来县。向东南流入长城，在昌平县境的大山中如黄龙似地转入宛平县境，二百多里，才到这条巨大雄壮的古桥下。

原非陇头水，是不错的，这桥下的汤汤流水，原是桑乾与浑河的合流；也就是所谓治水，㶟水，水，永定河，与浑河，小黄河，黑水河（浑河的俗名）的合流。

桥工的建造既不在北宋的时代，也不开始于蒙古人的占据北平。金人与南宋南北相争时，于大定二十九年六月方将这河上的木桥换了，用石料造成。这是见之于金代的诏书，据说："明昌二年三月桥成，敕命名广利，并建东西廊以便旅客。"

马可·波罗来游中国，服官于元代的初年时，他已看见这雄伟的工程，曾在他的游记里赞美过。

经过元明两代都有重修，但以正统九年的加工比较伟大，桥上的石栏、石狮，大约都是这一次重修的成绩。清代对此桥的大工役也有数次，乾隆十七年与五十年两次的动工，确为此桥增色不少。

"东西长六十六丈，南北宽二丈四尺，两栏宽二尺四寸，石栏一百四十，桥孔十有一，第六孔适当河之中流。"

按清乾隆五十年重修的统计，对此桥的长短大小有此说明，使人（没有到过的）可以想像它的雄壮。

从前以北平左近的县分属顺天府，也就是所谓京兆区。经过名人题咏的，京兆区内有八种胜景：例如西山霁雪，居庸叠翠，玉泉垂虹等，都是很幽美的山川风物。卢沟不过有一道大桥，却居然也与西山居庸关一样列入八景之一，便是极富诗意的"芦沟晓月"。本来，"杨柳岸晓风残月"是最易引动从前旅人的感喟与欣赏的凌晨早发的光景；何况在远来的巨流上有这一道雄伟壮丽的石桥，又是出入京都的孔道，多少官吏、士人、商贾、农工，为了事业，为了生活，为了游览，他们不能不到这名利所萃的京城，也不能不在夕阳返照，或东方未明时打从这古代的桥上经过。你想：在交通工具还没有如今迅速便利的时候，车马、担簦，来往奔驰，再加上每个行人谁没有忧、喜、欣、戚的真感横在心头，谁不为"生之活动"在精神上负一份重担？盛景当前，把一片壮美的感觉移入渗化于自己的忧喜欣戚之中，无论他是有怎样的观照，由于时间与空间的变化错综，面对着这个具有崇高美的压迫力的建筑物，行人如非白痴，自然以其鉴赏力的差别，与环境的相异，生发出种种的触感。于是留在他们的心中，或留在籍文字绘画表达出的作品中，对于卢沟桥三字真有很多的酬报。

不过，单以"晓月"形容卢沟桥之美，据传说是另有原因：每当旧历的月尽头（晦日）天快晓时，下弦的钩月在别处还看不分明，如有人到此桥上，他偏先得清光。这俗传的道理是否可靠，不能不令人疑惑。其实，卢沟桥也不过高起一些，难道同一时间在西山山顶，或北平城内的白塔（北海山上）上，看那晦晓的月亮，会比卢沟桥上不如？不过，话还是不这么拘板说为妙，用"晓月"陪衬卢沟桥的实是一位善于想像而又身经的艺术家的妙语，本来不预备后人去作科学的测验。你想："一日之计在于晨"，何况是行人的早发。朝气清，烘托出那钩人思感的月亮，——上浮青天，下嵌白石的巨桥。京城的雉堞若隐若现，西山的云翳似近似远，大野无边，黄流激奔……这样光，这样色彩，这样地点与建筑，不管是料峭的春晨，凄冷的秋晓，景物虽然随时有变，但若无雨雪的降临，每月末五更头的月亮、白石桥、大野、黄流，总可凑成一幅佳画，渲染飘浮于行旅者的心灵深处，发生出多少样反射的美感。

你说：偏以"晓月"陪衬这"碧草卢沟"（清刘履芬的《鸥梦词》中有《长亭怨》一阕，起语是：叹销春间关轮铁，碧草卢沟，短长程接。）不是最相称的"妙境"么？

无论你是否身经其地，现在，你对于这名标历史的胜迹，大约不止于"发思古之幽情"罢？其实，即以思古而论也尽够你深思，咏叹，有无穷的兴感！何况血痕染过那些石狮的鬈鬣，白骨在桥上的轮迹里腐化，漠漠风沙，呜咽河流，自然会造成一篇悲壮的史诗。就是万古长存的"晓月"也必定对你惨笑，对你冷觑，不是昔日的温柔，幽丽，只引动你的"清念"。

桥下的黄流，日夜呜咽，泛挹着青空的灏气，伴守着沉默的郊野……

他们都等待着有明光大来与洪涛冲荡的一日——那一日的清晓。

7. 蓬莱风景线

● 庐 隐

日本的风景，久为世界各国所注目，有东方公园的美誉；再加上我爱美景如生命，所以推己及人，便先把"蓬莱"的美景写出以供同好：

西 京

西京风景清幽，环山绕水，共有四座青山——吉田山，睿山，大文字山，圆山。四山中睿山最高，我们登睿山之巅，可窥西京全市，而最称胜绝的是清水寺，琵琶湖。

清水寺在音羽山之巅，山上满植翠柏苍松；在万绿丛中，杂间几枝藤花，嫩紫之色，映日成彩，微风过处，松涛澎湃，花影袅娜。我独倚大悲阁的碧栏，近挹清香，远收绿黛，超然有世外感。庙宇之前，有滴漏，为香客顶礼时洗手之用。漏流甚急，其声潺潺，好象急雨沿屋沿而下。

琵琶湖是西京第一名胜。沿江共有八景。我们在五月七日的那一天泛棹湖中，时正微雨，阴云四合，满湖笼烟漫雾，一片苍茫，另有一种幽趣。后来雨稍住，雾稍散，青山隐约可辨。远望诸峰，白云冉冉，因风变化，奇形怪状，两眼为之迷离。

后来船到石山寺，我们便舍舟登岸，向寺直奔。此寺也在高山之巅，仿佛中国西湖之灵隐寺。中多独干老木，高齐庙阁。院中满植芭蕉，被急雨敲击，清碎如弄珠玉。

傍晚雨止雾收，斜阳残照，从白云隙中射出，照在湖面上，幻成紫的粉红的嫩黄的种种色彩。我们坐在船上，如观图画，不久斜阳沉入湖心，湖上立刻幂上一层黄幂①，青山白云，都隐入黑幂中，但数点渔火独兀含情向人呢。

日　光

日光乃日本景致最好的地方，日本人有句俗话说："不到日光不算见物，"日光的身价可想而知了。

日光共有十六景，其中杉并木，中禅寺湖，雾降泷，里见泷，中禅寺湖大尻桥几个地方更自然，更秀丽，不过最使我不能忘怀的还要算是华严三千尺的大瀑布了。

当日游华严，往返走了六十里路，辛苦是最辛苦，而有了这种深刻的印象，也就算值得。在华严泷的背后，还有一个白云泷，我们到了白云泷，看见急水如云，从半山中奔腾而下，已经叹为奇观；及至到了华严泷，只见三千尺的云梯，从上巅下垂，云梯之下，都是飞烟软雾，哪有一点看出是水。这种奇妙的大观，怎能不引诱人们忘记人间之乐呢？

宫　岛

宫岛乃日本三景之一，所谓三景：是松岛（在北部）、天之桥及宫岛。我们于黄昏时泛舟海上，碧水渺渺，波光耀霞，斜阳余辉，映

---

① 覆盖东西的内、遮盖、覆盖

浪成花；沿海青山层叠，白云氤氲。在海上游荡些时，又登岸奔红叶谷。这时微风吹来，阵阵清香，夹路松杉峥嵘。渡过一小红桥，就看见红叶如锦，喷火红焰，真是妙境，便是武陵人到桃源，恐怕还要叹不及此呢！

"蓬岛"称绝的三景，我只到了一处，未免是个憾事，不过在日本住了一个多月，游了八九个地方，无论到哪处，都没有感到飞沙扬尘满目苍凉的况味，就是坐在火车上，也是目不断青山的倩影，耳不绝松涛的幽韵，更有碧绿的麦陇，如荼的杜鹃，点缀田野，快目爽心，直使我赞不绝口。

其实中国的江南山川，也何尝没有好风景，何值得我如是沉醉？但是"蓬莱"另有"蓬莱"之景，其潇洒风流，纤巧灵秀，不可与中国流丽中含端庄的西子湖同日而语。所以我虽赞许蓬莱之美，亦不敢抹煞西子湖之胜，燕瘦环肥，各有可以使人沉醉之处呢！

8. 威尼斯

◉ 朱自清

威尼斯（Venice）是一个别致地方。出了火车站，你立刻便会觉得：这里没有汽车，要到那儿，不是搭小火轮，便是雇"刚朵拉"（Gondola）。大运河穿过威尼斯像反写的 S，这就是大街。另有小河道四百十八条，这些就是小胡同。轮船像公共汽车，在大街上走。"刚朵拉"是一种摇橹的小船，威尼斯所特有，它那儿都去。威尼斯并非没有桥，三百七十八座，有的是。只要不怕转弯抹角，那儿都走得到，用不着下河去。可是轮船中人还是很多，"刚朵拉"的买卖也似乎并不坏。

　　威尼斯是"海中的城"，在意大利半岛的东北角上，是一群小岛，外面一道沙堤隔开亚得利亚海。在圣马克方场的钟楼上看，团花簇锦似的东一块西一块在绿波里荡漾着。远处是水天相接，一片茫茫。这里没有什么煤烟，天空干干净净，在温和的日光中，一切都像透明的。中国人到此，仿佛在江南的水乡。夏初从欧洲北部来的，在这儿还可看见清清楚楚的春天的背影。海水那么绿，那么酽，会带你到梦中去。

　　威尼斯不单是明媚，在圣马克方场走走就知道。这个方场南面临着一道运河，场中偏东南便是那可以望远的钟楼。威尼斯最热闹的地方是这儿，最华妙庄严的地方也是这儿。除了西边，围着的都是三百年以上的建筑，东边居中是圣马克堂，却有了八九百年——钟楼便在它的右首。再向右是"新衙门"，教堂左首是"老衙门"。这两溜儿楼房的下一层，现在满开了铺子。铺子前面是长廊，一天到晚是来来去去的人。紧接着教堂，直伸向运河去的是公爷府，这个一半属于小方场，另一半便属于运河了。

　　圣马克堂是方场的主人，建筑在十一世纪，原是卑赞廷式，以直线为主。十四世纪加上戈昔式的装饰，如尖拱门等。十七世纪又参入文艺复兴期的装饰，如栏杆等。所以庄严华妙，兼而有之，这正是威尼斯人的漂亮劲儿。教堂里屋顶与墙壁上满是碎玻璃嵌成的画，大概是真金色的地，蓝色和红色的圣灵像。这些像做得非常肃穆。教堂的地是用大理石铺的，颜色花样种种不同。在那种空阔阴暗的氛围中，你觉得伟丽，也觉得森严。教堂左右那两溜儿楼房，式样各别，并不对称。钟楼高三百二十二英尺，也偏在一边儿。但这两溜房子都是三层，都有许多拱门，恰与教堂的门面与圆顶相称，又都是白石造成，越衬出教堂的金碧辉煌来。教堂右边是向运河去的路，是一个小方场，本来显得空阔些，钟楼恰好填了这个空子，好像我们戏里大将出场，后面一杆旗子总是偏着取势。这方场中的建筑，节奏其实是和谐不过的。十八世纪意大利卡那来陀（Canaletto）一派画家专画威尼斯的建筑，取材于这方场的很多。德国德莱司敦画院中有几张，真好。公爷府里有好些名人的壁画和屋顶画，丁陶来陀（TinDtoretto，十六世纪）的大画《乐园》最著名，但更重要的是它建筑的价值。运河上有了这所房子，增加了不少颜色。这全然是戈昔式，动工在九世纪初，以后屡次遭火，屡次重修，现在的据说还是原来的式样。最好看的是它的西南两面，西面斜对着圣马克方场，南面正在运河上。在运河里看，真像在画中。它也是三层：下两层是尖拱门，一眼看去，无数的柱子。最下层的拱门简单疏阔，是载重的样子。上一层便繁密得多，为装饰之用。最上层却更简单，一根柱子没有，除了疏疏落落的窗和门之外，都是整块的墙面。墙面上用白的与玫瑰红的大理石砌成素朴的方纹，在日光里鲜明得像少女一般。威尼斯人真不愧着色的能手。这所房子从运河中看，好像在水里。下两层是玲珑的架子，上一层才是屋子，这是很巧的结构，加上那艳而雅的颜色，令人有惝恍迷离之感。府后有太息桥，从前一边是监狱，一边是法院，狱囚提讯须过这里，所以得名。拜伦诗中曾咏此，因而便脍炙人口起来，其实也只是近世的东西。

威尼斯的夜曲是很著名的。夜曲本是一种抒情的曲子，夜晚在人家窗下随便唱。可是运河里也有，晚上在圣马克方场的河边上，看见河中有红绿的纸球灯，便是唱夜曲的船。雇了"刚朵拉"摇过去，靠着那个船停下，船在水中间，两边挨次排着"刚朵拉"，在微波里荡着，像是两只翅膀。唱曲的有男有女，围着一张桌子坐，轮到了便站起来唱，旁边有音乐和着。曲词自然是意大利语，意大利的语音据说最纯粹，最清朗。听起来似乎的确斩截些，女人的尤其如此——意大利的歌女是出名的。音乐节奏繁密，声情热烈，想来是最流行的"爵士乐"。在微微摇摆地红绿灯球底下，颤着酽酽的歌喉，运河上一片朦胧的夜也似乎透出玫瑰红的样子。唱完几曲之后，船上有人跨过来，反拿着帽子收钱，多少随意。不愿意听了，还可摇到第二处去。这个略略像当年的秦淮河的光景，但秦淮河却热闹得多。

从圣马克方场向西北去，有两个教堂在艺术上是很重要的。一个是圣罗珂堂，旁边有一所屋子，墙上屋顶上满是画，楼上下大小三间屋，共六十二幅画，是丁陶来陀的手笔。屋里暗极，只有早晨看得清楚。丁陶来陀作画时，因地制宜，大部分只粗粗钩勒，利用阴影，教人看了觉得是几经琢磨似的。《十字架》一幅在楼上小屋内，力量最雄厚。佛拉利堂在圣罗珂近旁，有大画家铁沁（Titian，十六世纪）和近代雕刻家卡奴洼（Canova）的纪念碑。卡奴洼的，灵巧，是自己打的样子；铁沁的，宏壮，是十九世纪中叶才完成的。他的《圣处女升天图》挂在神坛后面，那朱红与亮蓝两种颜色鲜明极了，全幅气韵流动，如风行水上。倍里尼（Giovanni Bellini，十五世纪）的《圣母像》，也是他的精品。他们都还有别的画在这个教堂里。

从圣马克方场沿河直向东去，有一处公园，从一八九五年起，每两年在此地开国际艺术展览会一次。今年是第十八届，加入展览的有意，荷，比，西，丹，法，英，奥，苏俄，美，匈，瑞士，波兰等十二国，意大利的东西自然最多，种类繁极了。未来派立休派的图画雕刻，都可见到，还有别的许多新奇的作品，说不出路数。颜色大概鲜明，教人眼睛发亮，建筑也是新式，简洁不啰嗦，痛快之至。苏俄的作品不多，大概是工农生活的表现，兼有沉毅和高兴的调子。他们也用鲜明的颜色，但显然没有很费心思在艺术上，作风老老实实，并不向牛犄角里寻找新奇的玩意儿。

威尼斯的玻璃器皿，刻花皮件，都是名产，以典丽风华胜，缂丝也不错。大理石小雕像，是著名大品的缩本，出于名手的还有味。

1932 年 7 月 13 日作。

（原载1932年9月1日《中学生》第27号）

9. 瑞士

◉ 朱自清

　　瑞士有"欧洲的公园"之称。起初以为有些好风景而已，到了那里，才知无处不是好风景，而且除了好风景似乎就没有什么别的。这大半由于天然，小半也是人工。瑞士人似乎是靠游客活的，只看很小的地方也有若干若干的旅馆就知道。他们拼命地筑铁道通轮船，让爱逛山的爱游湖的都有落儿，而且车船两便，票在手里，爱怎么走就怎么走。瑞士是山国，铁道依山而筑，隧道极少，所以老是高高低低，有时像差得很远的。还有一种爬山铁道，这儿特别多。狭狭的双轨之间，另加一条特别轨：有时是一个个方格儿，有时是一个个钩子，车底下带一种齿轮似的东西，一步步咬着这些方格儿，这些钩子，慢慢地爬上爬下。这种铁道不用说工程大极了，有些简直是笔陡笔陡的。

　　逛山的味道实在比游湖好。瑞士的湖水一例是淡蓝的，真正平得像镜子一样。太阳照着的时候，那水在微风里摇晃着，宛然是西方小姑娘的眼。若遇着阴天或者下小雨，湖上迷迷蒙蒙的，水天混在一块儿，人如在睡里梦里。也有风大的时候，那时水上便皱起粼粼的细纹，有点像颦眉的西子。可是这些变幻的光景在岸上或山上才能整个儿看见，在湖里倒不能领略许多。况且轮船走得究竟慢些，常觉得看来看去还是湖，不免也腻味。逛山就不同，一会儿看见湖，一会儿不看见，本来湖在左边，不知怎么一转弯，忽然挪到右边了。湖上固然可以看山，山上还可看山，阿尔卑斯有的是重峦叠嶂，怎么看也不会穷。山上不但可以看山，还可以看谷，稀稀疏疏错错落落的房舍，仿佛有鸡鸣犬吠的声音，在山肚里，在山脚下。看风景能够流连低徊固然高雅，但目不暇接地过去，新境界层出不层，也未尝不淋漓痛快，坐火车逛山便是这个办法。

卢参（Luzerne）在瑞士中部，卢参湖的西北角上。出了车站，一眼就看见那汪汪的湖水和屏风般的青山，真有一股爽气扑到人的脸上。与湖连着的是劳思河，穿过卢参的中间。

河上低低的一座古水塔，从前当作灯塔用，这儿称灯塔为"卢采那"，有人猜"卢参"这名字就是由此而出。这座塔低得有意思，依傍着一架曲了又曲的旧木桥，倒配了对儿。这架桥带顶，像廊子，分两截，近塔的一截低而窄，那一截却突然高阔起来，仿佛彼此不相干，可是看来还只有一架桥。不远儿另是一架木桥，叫龛桥，因上有神龛得名，曲曲的，也古。许多对柱子支着桥顶，顶底下每一根横梁上两面各钉着一大幅三角形的木板画，总名"死神的跳舞"。每一幅配搭的人物和死神跳舞的姿态都不相同，意在表现社会上各种人的死法。画笔大约并不算顶好，但这样上百幅的死的图画，看了也就够劲儿。过了河往里去，可以看见城墙的遗迹。墙依山而筑，蜿蜒如蛇；现在却只见一段一段的嵌在住屋之间。但九座望楼还好好的，和水塔一样都是多角锥形；多年的风吹日晒雨淋，颜色是黯淡得很了。

冰河公园也在山上。古代有一个时期北半球全埋在冰雪里，瑞士自然在内。阿尔卑斯山上积雪老是不化，越堆越多。在底下的渐渐地结成冰，最底下的一层渐渐地滑下来，顺着山势，往谷里流去。这就是冰河。冰河移动的时候，遇着夏季，便大量地溶化。这样溶化下来的一股大水，力量无穷；石头上一个小缝儿，在一个夏天里，可以让冲成深深的大潭。这个叫磨穴。有时大石块被带进潭里去，出不来，便只在那儿跟着水转。初起有棱角，将潭壁上磨了许多道儿；日子多了，棱角慢慢光了，就成了一个大圆球，还是转着。这个叫磨石。冰河公园便以这类遗迹得名。大大小小的石潭，大大小小的石球，现在是安静了；但那粗糙的样子还能教你想见多少万年前大自然的气力。可是奇怪，这些不言不语的顽石，居然背着多少万年的历史，比我们人类还老得多多；要没人卓古证今地说，谁相信。这样讲，古诗人慨叹"磊磊涧中石"，似乎也很有些道理在里头了。这些遗迹本来一半埋在乱石堆里，一半埋在草地里，直到一八七二年秋天才偶然间被发现。还发现了两种化石：一种上是些蚌壳，足见阿尔卑斯脚下这一块土原来是滔滔的大海。另一种上是片棕叶，又足见此地本有热带的大

森林。这两期都在冰河期前，日子虽然更杳茫，光景却还能在眼前描画得出，但我们人类与那种大自然一比，却未免太微细了。

立矶山（Rigi）在卢参之西，乘轮船去大约要一点钟。去时是个阴天，雨意很浓。四周陡峭的青山的影子冷冷地沉在水里。湖面儿光光的，像大理石一样。上岸的地方叫威兹老，山脚下一座小小的村落，疏疏散散遮遮掩掩的人家，静透了。上山坐火车，只一辆，走得可真慢，虽不像蜗牛，却像牛之至。一边是山，太近了，不好看。一边是湖，是湖上的山；从上面往下看，山像一片一片儿插着，湖也像只有一薄片儿。有时窗外一座大崖石来了，便什么都不见；有时一片树木来了，只好从枝叶的缝儿里张一下。山上和山下一样，静透了，常常听到牛铃儿叮儿当的。牛带着铃儿，为的是跑到哪儿都好找。这些牛真有些"不知汉魏"，有一回居然挡住了火车；开车的还有山上的人帮着，吆喝了半天，才将它们哄走。但是谁也没有着急，只微微一笑就算了。山高五千九百零五英尺，顶上一块不大的平场。据说在那儿可以看见周围九百里的湖山，至少可以看见九个湖和无数的山峰。可是我们的运气坏，上山后云便越浓起来；到了山顶，什么都裹在云里，

几乎连我们自己也在内。在不分远近的白茫茫里闷坐了一点钟，下山的车才来了。

交湖（Interlaken）在卢参的东南。从卢参去，要坐六点钟的火车。车子走过勃吕尼山峡。这条山峡在瑞士是最低的，可是最有名。沿路的风景实在太奇了。车子老是挨着一边儿山脚下走，路很窄。那边儿起初也只是山，青青青青的。越往上走，那些山越高了，也越远了，中间豁然开朗，一片一片的谷，是从来没看见过的山水画。车窗里直望下去，却往往只见一丛丛的树顶，到处是深的绿，在风里微微波动着。路似乎颇弯曲的样子，一座大山峰老是看不完；瀑布左一条右一条的，多少让山顶上的云掩护着，清淡到像一些声音都没有，不知转了多少转，到勃吕尼了。这儿高三千二百九十六英尺，差不多到了这条峡的顶。从此下山，不远便是勃利安湖的东岸，北岸就是交湖了。车沿着湖走。太阳出来了，隔岸的高山青得出烟，湖水在我们脚下百多尺，闪闪的像珐琅一样。

交湖高一千八百六十六英尺，勃利安湖与森湖交会于此。地方小极了，只有一条大街；四周让阿尔卑斯的群峰严严地围着。其中少妇峰最为秀拔，积雪皑皑，高出云外。街北有两条小径。一条沿河，一条在山脚下，都以幽静胜。小径的一端，依着座小山的形势参差地安排着些别墅般的屋子。街南一块平原，只有稀稀的几个人家，显得空旷得不得了。早晨从旅馆的窗子看，一片清新的朝气冉冉地由远而近，仿佛在古时的村落里。街上满是旅馆和铺子；铺子不外卖些纪念品，咖啡，酒饭等等，都是为游客预备的；还有旅行社，更是的。这个地方简直是游客的地方，不像属于瑞士人。纪念品以刻木为最多，大概是些小玩意儿；是一种涂紫色的木头，虽然刻得粗略，却有气力。在一家铺子门前看见一个美国人在说，"你们这些东西都没有用处；我不欢喜玩意儿。"买点纪念品而还要考较用处。此君真美国得可以了。

从交湖可以乘车上少妇峰，路上要换两次车。在老台勃鲁能换爬山电车，就是下面带齿轮的。这儿到万根，景致最好看。车子慢慢爬上去，窗外展开一片高山与平陆，宽旷到一眼望不尽。坐在车中，不知道车子如何爬法；却看那边山上也有一条陡峻的轨道，也有车子在上面爬着，就像一只甲虫。到万格那尔勃可见冰川，在太阳里亮晶晶的。到小夏代格再换车，轨道中间装上一排铁钩子，与车底下的齿轮好咬得更紧些。这条路直通到少妇峰前头，差不多整个儿是隧道；因为山上满积着雪，不得不打山肚里穿过去。这条路是欧洲最高的铁路，费了十四年工夫才造好，要算近代顶伟大的工程了。

在隧道里走没有多少意思，可是哀格望车站值得看。那前面的看廊是从山岩里硬凿出来的。三个又高又大又粗的拱门般的窗洞，教你觉得自己渺小。望出去很远；五千九百零四英尺下的格林德瓦德也可见。少妇峰站的看廊却不及这里；一眼尽是雪山，雪水从檐上滴下来，别的什么都没有。虽在一万一千三百四十二英尺的高处，而不能放开眼界，未免令人有些怅怅。但是站里有一架电梯，可以到山顶上去。这是小小一片高原，在明西峰与少妇峰之间，三百二十英尺长，厚厚地堆着白雪。雪上虽只是淡淡的日光，乍看竟耀得人睁不开眼。这儿可望得远了。一层层的峰峦起伏着，有戴雪的，有不戴的；总之越远越淡下去。山缝里躲躲闪闪一些玩具般的屋子，据说便是交湖了。原上一头插着瑞士白十字国旗，在风里飒飒地响，颇有些气势。山上不时地雪崩，沙沙沙沙流下来像水一般，远看很好玩儿。脚下的雪极滑，走不惯的人寸步都得留神才行。少妇峰的顶还在二千三百二十五英尺之上，得凭着自己的手脚爬上去。

下山还在小夏代格换车，却打这儿另走一股道，过格林德瓦德直到交湖，路似乎平多了。车子绕明西峰走了好些时候。明西峰比少妇峰低些，可是大。少妇峰秀美得好，明西峰雄奇得好。车子紧挨着山脚转，陡陡的山势似乎要向窗子里直压下来，像传说中的巨人。这一路有几条瀑布；瀑布下的溪流快极了，翻着白沫，老像沸着的锅子。早九点多在交湖上车，回去是五点多。

司皮也兹（Spiez）是玲珑可爱的一个小地方：临着森湖，如浮在湖上。路依山而建，共有四五层，台阶似的。街上常看不见人。在旅馆楼上待着，远处偶然有人过去，说话声音听得清清楚楚的。傍晚从露台上望湖，山脚下的暮霭混在一抹轻蓝里，加上几星儿刚放的灯光，真有味。蒙特勒（Montreux）的果子可可糖也真有味。日内瓦像上海，只湖中大喷水，高二百余英尺，还有卢梭岛及他出生的老屋，现在已开了古董铺的，可以看看。

1932 年 10 月 17 日作。

（原载 1932 年 11 月 1 日《中学生》第 29 号）

10. 滂卑故城

◉ 朱自清

滂卑（Pompei）[①]故城在奈波里之南，意大利半岛的西南角上。维苏威火山在它的正东，像一座围屏。纪元七十九年，维苏威初次喷火。喷出的熔岩倒没有什么；可是那崩裂的灰土。山一般压下来，到底将一座繁华的滂卑城活活地埋在底下，不透一丝风儿。那时是半夜里。好在大多数人瞧着兆头不妙，早卷了细软走了；剩下的并不多，想来是些穷小子和傻瓜罢。城是埋下去了，年岁一久，谁也忘记了。只存下当时一个叫小勃里尼的人的两封信，里面叙述滂卑陷落的情形；但没有人能指出这座故城的遗址来。直到一七四八年大剧场与别的几座房子出土，才有了头绪；系统的发掘却迟到一八六〇年。到现在这座城大半都出来了；工作还继续着。

滂卑的文化很高，从道路，建筑，壁画，雕刻，器皿等都可看出。后三样大部分陈列在奈波里国家博物院中；去滂卑的人最好先到那里看看。但是这种文化大体从希腊输入，罗马人自己的极少。当时罗马的将领打过了好些个胜仗，闲着没事，便风雅起来，搜罗希腊的美术品，装饰自己的屋子。这些东西有的是打仗时抢来的，有的是买的。古语说得好："上有好者，下必有甚焉者。"这种美术的嗜好渐渐成了风气。那时罗马人有的是钱；希腊人却穷了，乐得有这班好主顾。"物聚于所好"，滂卑还只是第三等的城市，大户人家陈设的美术品已经像一所不寒尘的博物院，别的大城可想而知。

滂卑沿海，当时与希腊交通，也是个商业的城市，人民是很富裕的。他们的生活非常奢靡，正合"饱暖思淫欲"一句话。滂卑的淫风似乎甚盛。他们崇拜男根，相信可以给人好运气，倒不像后世人作不净想。街上走，常见墙上横安着黑的男根；器具也常以此为饰。有一所大住宅，是两个姓魏提的单身男子住的，保存得最好；里面一间小屋子，墙上满是春画，据说他们常从外面叫了女人到这里。院子里本有一座喷泉，泉水以小石像的男根为出口；这座像现在也藏在那间小屋中。廊下还有一幅壁画，画着一架天秤；左盘里是钱袋，一个人以他的男根放在右盘中，左盘便高起来了。可见滂卑人所重在彼而不在此。另有妓院一所，入门中间是穿堂，两边有小屋五间，每间有一张土床，床以外隙地便不多。穿堂墙上是春画；小屋内墙上间或刻着人名，据说这是游客的题名保荐，让他的朋友们看了，也选他的相好。

从来酒色连文，滂卑人在酒上也是极放纵的。只看到处是酒店，人家里多有藏酒的地窖子便知道了。滂卑的酒店有些像杭州绍兴一带的，酒垆与柜台都在门口，里面没有多少地方；来者大约都是喝"柜台酒"的。现在还可以见许多残破的酒垆和大大小小的酒甏；人家地窖里堆着的酒甏也不少。这些酒甏是黄土做的，长颈细腹尖底，样子灵巧，可是放不稳，不知当时如何安置。

上面说起魏提的住宅，是很讲究的。宅子高大，屋子也多；一所空阔的院子，周围是深深的走廊。廊下悬着石雕的面具；院中也放着许多雕像，中间是喷泉和鱼池。屋后还有花园。滂卑中上人家大概都有喷泉，鱼池与花园，大小称家之有无；喷泉与鱼池往往是分开的。水从山上用铅管引下来，办理得似乎不坏。魏提家的壁画颇多，墙壁用红色，粉刷得光润无比，和大理石差不多。画也精工美妙。饭厅里画着些各行手艺，仿佛宋人《懋迁图》的味儿。但做手艺的都是带翅子的小爱神，便不全是写实了。在红墙上画出一条黑带儿，在这条道儿上面再用鲜明的蓝黄等颜色作画，映照起来最好看；蓝色中渗一点粉，用来画衣裳与爱神的翅膀等，真是飘飘欲举。这种画分明仿希腊的壁雕，所以结构亭匀不乱。膳厅中画最多；黑带子是在墙下端，上面是一幅幅的并列着，却没有甚大的。膳厅中如何布置，已不可知。曾见别两家的是这样：中间一座长方的小石灰台子，红色，这便是桌子。围着是马蹄形的座位，也是石灰砌的，颜色相同。近台子那一圈低些阔些，是坐的，后面狭狭的矮矮的四五层斜着上去，像是靠背用的，最上层便又阔了。但那两家规模小，魏提家当然要阔些。至于地用嵌石铺，是在意中的。这些屋子里的银器铜器玻璃器等与壁画雕像大部分保存在奈波里；还有涂上石灰的尸首及已化炭的面包和谷类，都是城陷时的东西。

滂卑人是会享福的，他们的浴场造得很好。冷热浴蒸气浴都有；场中存衣柜，每个浴客一个，他们可以舒舒服服地放心洗澡去。场宽阔高大，墙上和圆顶上满是画。屋顶正中开一个大圆窗子，光从这里下来，雨也从这里下来；但他们不在乎雨，场里面反正是湿的。有一处浴场对门便是饭馆，洗完澡，就上这儿吃点儿喝点儿，真"美"啊。滂卑城并不算大，却有三个戏园子。大剧场为最，能容两万人，大约不常用，现在还算完好。常用的两个比较小些，已颓毁不堪；一个据说有顶，是夜晚用的，一个无顶，是白天用的。城中有好几个市场，是公众买卖与娱乐的地方；法庭庙宇都在其中；现在却只见几片长方的荒场和一些破坛断柱而已。

街市中除酒店外，别种店铺的遗迹也还不少。曾走过一家药店，架子上还零乱地放着些玻璃瓶儿；又走过一家饼店，五个烘饼的小砖炉也还好好的。街旁常见水槽；槽里的水是给马喝的，上面另有一个管子，行人可以就着喝。喝时须以一只手按着槽边，翻过身仰起脸来。这个姿势也许好看，舒服是并不的。日子多了，槽边经人按手的地方凹了下去，磨得光滑滑的。街路用大石铺成，也还平整宽舒；中间常有三大块或两大块椭圆的平石分开放着，是为上下马车用的。车有两轮，恰好从石头空处过去。街道是直的，与后世取曲势的不同。虽然一望到头，可是衬着两旁一排排的距离相似高低相仿的颓垣断户，倒仿佛无穷无尽似的。从整齐划一中见伟大，正中古罗马人的长处。

①今译名为：庞贝。

（原载 1932 年 10 月 1 日《中学生》第 28 号）

11. 荷兰

◉ 朱自清

　　一个在欧洲没住过夏天的中国人，在初夏的时候，上北国的荷兰去，他简直觉得是新秋的样子。淡淡的天色，寂寂的田野，火车走着，像没人理会一般。天尽头处偶尔看见一架半架风车，动也不动的，像向天揸开的铁手。在瑞士走，有时也是这样一劲儿的静；可是这儿的肃静，瑞士却没有。瑞士大半是山道，窄狭的，弯曲的，这儿是一片广原，气象自然不同。火车渐渐走近城市，一溜房子看见了。红的黄的颜色，在那灰灰的背景上，越显得鲜明耀眼。那尖屋顶原是三角形的底子，但左右两边近底处各折了一折，便多出两个角来；机灵里透着老实，像个小胖子，又像个小老头儿。

　　荷兰人有名地会盖房子。近代谈建筑，数一数二是荷兰人。快到罗特丹（Rotterdam）的时候，有一家工厂，房屋是新样子。房子分两截，近处一截是一道内曲线，两大排玻璃窗子反射着强弱不同的光。接连着的一截是比较平正些的八层楼，窗子也是横排的。"楼梯间"满用玻璃，外面既好看，上楼又明亮好走，比旧式阴森森的楼梯间，只在墙上开着小窗户的自然好多了。整排不断的横窗户也是现代建筑的特色；靠着钢骨水泥，才能这样办。这家工厂的横窗户有两个式样，窗宽墙窄是一式，墙宽窗窄又是一式。有人说这种墙和窗子像面包夹火腿；但那是面包那是火腿却弄不明白。又有人说这种房子仿佛满支在玻璃上，老教人疑心要倒塌似的。可是我只觉得一条条连接不断的横线都有大气力，足以支撑这座大屋子而有余，而且一眼看下去，痛快极了。

海牙和平宫左近，也有不少新式房子，以铺面为多，与工厂又不同。颜色要鲜明些，装饰风也要重些，大致是清秀玲珑的调子。最精致的要数那一座"大厦"，是分租给人家住的。是不规则的几何形。约莫居中是高耸的通明的楼梯间，界划着黑钢的小方格子。一边是长条子，像伸着的一只胳膊；一边是方方的。每层楼都有栏杆，长的那边用蓝色，方的那边用白色，衬着淡黄的窗子。人家说荷兰的新房子就像一只轮船，真不错。这些栏杆正是轮船上的玩意儿。那梯子间就是烟囱了。大厦前还有一个狭长的池子，浅浅的，尽头处一座雕像。池旁种了些花草，散放着一两张椅子。屋子后面没有栏杆，可是水泥墙上简单的几何形的界划，看了也非常爽目。那一带地方很宽阔，又清静，过午时大厦满在太阳光里，左近一些碧绿的树掩映着，教人舍不得走。亚姆斯特丹（Amsterdam）的新式房子更多。皇宫附近的电报局，样子打得巧，斜对面那家电气公司却一味地简朴；两两相形起来，倒有点意思。别的似乎都赶不上这两所好看。但"新开区"还有整大片的新式建筑，没有得去看，不知如何。

荷兰人又有名地会画画。十七世纪的时候，荷兰脱离了西班牙的羁绊，渐渐地兴盛，小康的人家多起来了。他们衣食既足，自然想着些风雅的玩意儿。那些大幅的神话画宗教画，本来专供装饰宫殿小教堂之用。他们是新国，用不着这些。他们只要小幅头画着本地风光的。人像也好，风俗也好，景物也好，只要"荷兰的"就行。在这些画里，他们亲亲切切地看见自己。要求既多，供给当然跟着。那时画是上市的，和皮鞋与蔬菜一样，价钱也差不多。就中风俗画（Genre picDture）最流行。直到现在，一提起荷兰画家，人总容易想起这种画。这种画的取材是极平凡的日常生活；而且限于室内，采的光往往是灰暗的。这种材料的生命在亲切有味或滑稽可喜。一个卖野味的铺子可以成功一幅画，一顿饭也可能成功一幅画。有些滑稽太过，便近乎低级趣味。譬如海牙毛利丘司（Mauritshuis）画院所藏的莫兰那（Molenaer）画的《五觉图》。《嗅觉》一幅，画一妇人捧着小孩，他正在拉矢。《触觉》一幅更奇，画一妇人坐着，一男人探手入她的衣底；妇人便举起一只鞋，要向他的头上打下去。这画院里的名画却真多。陀（Dou）的《年轻的管家妇》，琐琐屑屑地画出来，没有一些地方不熨贴。鲍特（Potter）的《牛》工极了，身上一个蝇子都没有放过，但是活极了，那牛简直要从墙上缓缓地走下来；布局也单纯得好。卫米尔（Vermeer）画他本乡代夫脱（Delft）的风景一幅，充分表现那静肃的味道。他是小风景画家，以善分光影和精于布局著名。风景画取材杂，要安排得停当是不容易的。荷兰画像，哈司（Hals）是大师。但他的好东西都在他故乡哈来姆（Haorlem），别处见不着。阿姆斯特丹的力克士博物院（Ryks Museum）中有他一幅《俳优》，是一个弹着琵琶的人，神气颇足。这些都是十七世纪的画家。

但是十七世纪荷兰最大的画家是冉伯让（Rembrandt）。他与一般人不同，创造了个性的艺术；将自己的思想感情，自己这个人放进他画里去。他画画不再伺候人，即使画人像，画宗教题目，也还分明地见出自己。十九世纪艺术的浪漫运动只承认表现艺术家的个性的作品有价值，便是他的影响。他领略到精神生活里神秘的地方，又有深厚的情感。最爱用一片黑做背景；但那黑是活的不是死的。黑里渐渐透出黄黄的光，像压着的火焰一般；在这种光里安排着他的人物。像这样的光影的对照是他的绝技；他的神秘与深厚也便从这里见出。这不仅是浮泛的幻想，也是贴切的观察；在他作品里梦和现实混在一块儿。有人说他从北国的烟云里悟出了画理，那也许是真的。他会看到氤氲的底里去。他的画像最能表现人的心理，也便是这个缘故。

毛利丘司里有他的名作《解剖班》《西面在圣殿中》。前一幅写出那站着在说话的大夫从容不迫的样子。一群学生围着解剖台，有些坐着，有些站着；猫着腰的，侧着身子的，直挺挺站着的，应有尽有。他们的头，或俯或仰，或偏或正，没有两个人相同。他们的眼看着尸体，看着说话的大夫，或无所属，但都在凝神听话。写那种专心致志的光景，惟妙惟肖。后一幅写殿宇的庄严，和参加的人的圣洁与和蔼，一种虔敬的空气弥漫在画面上，教人看了会沉静下去。他的另一杰作《夜巡》在力克士博物院里。这里一大群武士，都拿了兵器在守望着敌人。一位爵爷站在前排正中间，向着旁边的弁兵有所吩咐；别的人有的在眺望，有的在指点，有的在低低地谈论，右端一个打鼓的，人和鼓都只露了一半；他似乎焦急着，只想将槌子敲下去。左端一个人也在忙忙地伸着右手整理他的枪口。他的左胳膊底下钻出一个孩子，露着惊惶的脸。人物的安排，交互地用疏密与明暗；乍看不匀称，细看再匀称没有。这幅画里光的运用最巧妙；那些浓淡浑析的地方，便是全画的精神所在。冉伯让是雷登（Leyden）人，晚年住在亚姆斯特丹。他的房子还在，里面陈列着他的腐刻画与钢笔毛笔画。腐刻画是用药水在铜上刻出画来，他是大匠手；钢笔画毛笔画他也擅长。这里还有他的一座铜像，在用他的名字的广场上。

　　海牙是荷兰的京城，地方不大，可是清静。走在街上，在淡淡的太阳光里，觉得什么都可以忘记了的样子。城北尤其如此。新的和平宫就在这儿，这所屋是一个人捐了做国际法庭用的。屋不多，里面装饰得很好看。引导人如数家珍地指点着，告诉游客这些装饰品都是世界各国捐赠的。楼上正中一间大会议厅，他们称为日本厅；因为三面墙上都挂着日本的大幅的缂丝，而这几幅东西是日本用了多少多少人在不多的日子里特地赶做出来给这所和平宫用的。这几幅都是花鸟，颜色鲜明，织得也细致；那日本特有的清丽的画风整个儿表现着。中国送的两对景泰蓝的大壶（古礼器的壶）也安放在这间厅里。厅中间是会议席，每一张椅子背上有一个缎套子，绣着一国的国旗；那国的代表开会时便坐在这里。屋左屋后是花园；亭子，喷水，雕像，花木等等，错综地点缀着，明丽深曲兼而有之。也不十二分大，却老像走不尽的样子。从和平宫向北去，电车在稀疏的树林子里走。满车中绿荫荫的，斑驳的太阳光在车上在地下跳跃着过去。不多一会儿就到海边了。海边热闹得很，玩儿的人来往不绝。长长的一带沙滩上，满放着些藤篓子——实在是些轿式的藤椅子，预备洗完澡坐着晒太阳的。这种藤篓子的顶像一个瓢，又圆又胖，那拙劲儿真好。更衣的小木屋也多。大约天气还冷，沙滩上只看见零零落落的几个人。那北海的海水白白的展开去，没有一点风涛，像个顶听话的孩子。

亚姆斯特丹在海牙东北，是荷兰第一个大城。自然不及海牙清静。可是河道多，差不多有一道街就有一道河，是北国的水乡；所以有"北方威尼斯"之称。桥也有三百四十五座，和威尼斯简直差不多。河道宽阔干净，却比威尼斯好；站在桥上顺着河望过去，往往水木明瑟，引着你一直想见最远最远的地方。亚姆斯特丹东北有一个小岛，叫马铿（Marken）岛，是个小村子。那边的风俗服装古里古怪的，你一脚踏上岸就会觉得回到中世纪去了。乘电车去，一路经过两三个村子。那是个阴天，漠漠的风烟，红黄相间的板屋，正在旋转着让船过去的轿，都教人耳目一新。到了一处，在街当中下了车，由人指点着找着了小汽轮。海上坦荡荡的，远处一架大风车在慢慢地转着。船在斜风细雨里走，渐渐从朦胧里看见马铿岛。这个岛真正"不满眼"，一道堤低低的环绕着。据说岛只高出海面几尺，就仗着这一点儿堤挡住了那茫茫的海水。岛上不过二三十份人家，都是尖顶的板屋；下面一律搭着架子，因为隔水太近了。板屋是红黄黑三色相间着，每所都如此。岛上男人未多见，也许打渔去了；女人穿着红黄白蓝黑各色相间的衣裳，和他们的屋子相配。总而言之，一到了岛上，虽在黯淡的北海上，眼前却亮起来了。岛上各家都预备着许多纪念品，争着将游客让进去；也有装了一大柳条筐，一手抱着孩子，一手挽着筐子在路上兜售的。自然做这些事的都是些女人。纪念品里有些玩意儿不坏：如小木鞋，像我们的毛窝的样子；如长的竹烟袋儿，烟袋锅的脖子上挂着一双顶小的木鞋，的里瓜拉的；如手绢儿，一角上绒绣着岛上的女人，一架大风车在她们头上。

回来另是一条路，电车经过另一个小村子叫伊丹（Edam）。这儿的干酪四远驰名，但那一座挨着一座跨在一条小河上的高架吊桥更有味。望过去足有二三十座，架子像城门圈一般；走上去便微微摇晃着。河直而窄，两岸不多几层房屋，路上也少有人，所以仿佛只有那一串儿的桥轻轻地在风里摆着。这时候真有些觉得是回到中世纪去了。

1932 年 11 月 17 日作。

（原载 1932 年 12 月 1 日《中学生》第 30 号）

12. 柏林

● 朱自清

柏林的街道宽大，干净，伦敦巴黎都赶不上的；又因为不景气，来往的车辆也显得稀些。在这儿走路，尽可以从容自在地呼吸空气，不用张张望望躲躲闪闪。找路也顶容易，因为街道大概是纵横交切，少有"旁逸斜出"的。最大最阔的一条叫菩提树下，柏林大学，国家图书馆，新国家画院，国家歌剧院都在这条街上。东头接着博物院洲，大教堂，故宫；西边到著名的勃朗登堡门为止，长不到二里。过了那座门便是梯尔园，街道还是直伸下去——这一下可长了，三十七八里。勃朗登堡门和巴黎凯旋门一样，也是纪功的。建筑在十八世纪末年，有点仿雅典奈昔克里司门的式样。高六十六英尺，宽六十八码半；两边各有六根多力克式石柱子。顶上是站在驷马车里的胜利神像，雄伟庄严，表现出德意志国都的神采。那神像在一八零七年被拿破仑当作胜利品带走，但七年后便又让德国的队伍带回来了。

从菩提树下西去，一出这座门，立刻神气清爽，眼前别有天地；那空阔，那望不到头的绿树，便是梯尔园。这是柏林最大的公园，东西六里，南北约二里。地势天然生得好，加上树种得非常巧妙，小湖小溪，或隐或显，也安排得是地方。大道像轮子的辐，凑向轴心去。道旁齐齐地排着葱郁的高树；树下有时候排着些白石雕像，在深绿的背景上越显得洁白。小道像树叶上的脉络，不知有多少。跟着道走，总有好地方，不辜负你。园子里花坛也不少。罗森花坛是出名的一个，玫瑰最好。一座天然的围墙，圆圆地绕着，上面密密地厚厚地长着绿的小圆叶子；墙顶参差不齐。坛中有两个小方池，满飘着雪白的水莲花，玲珑地托在叶子上，像惺忪的星眼。两池之间是一个皇后的雕像；四周的花香花色好像她的供养。梯尔园人工胜于天然。真正的天然却又是一番境界。曾走过市外"新西区"的一座林子。稀疏的树，高而瘦的杆子，树下随意弯曲的路，简直教人想到倪云林的画本。看着没有多大，但走了两点钟，却还没走柏林市内市外常看见运动员风的男人女人。女人大概都光着脚、亮着胳膊，雄赳赳地走着，可是并不和男人一样。她们不像巴黎女人的苗条，也不像伦敦女人的拘谨，却是自然得好。有人说她们太粗，可是有股劲儿。司勃来河横贯柏林市，河上有不少划船的人。往往一男一女对坐着，男的只穿着游泳衣，也许赤着膊只穿短裤子。看的人绝不奇怪而且有喝彩的。曾亲见一个女大学生指着这样划着船的人说，"美啊！"赞美身体，赞美运动，已成了他们的道德。星期六星期日上水边野外看去，男男女女老老少少谁都带一点运动员风。再进一步，便是所谓"自然运动"。大家索性不要那捞什子衣服，那才真是自然生活了。这有一定地方，当然不会随处见着。但书籍杂志是容易买到的。也有这种电影。那些人运动的姿势很好看，很柔软，有点儿像太极拳。在长天大海的背景上来这一套，确是美的，和谐的。日前报上说德国当局要取缔他们，看来未免有些个多事。

柏林重要的博物院集中在司勃来河中一个小洲上。这就叫做博物院洲。虽然叫做洲，因为周围陆地太多，河道几乎挤得没有了，加上十六道桥，走上去毫不觉得身在洲中。洲上总共七个博物院，六个是通连着的。最奇伟的是勃嘉蒙（Pergamon）与近东古迹两个。勃嘉蒙在小亚细亚，是希腊的重要城市，就是现在的贝加玛。柏林博物院团在那儿发掘，掘出一座大享殿，是祭大神宙斯用的。这座殿是二千二百年前造的，规模宏壮，雕刻精美。掘出的时候已经残破；经学者苦心研究，知道原来是什么样子，便照着修补起来，安放在一间特建的大屋子里。屋子之大，让人要怎么看这座殿都成。屋顶满是玻璃，让光从上面来，最均匀不过；墙是淡蓝色，衬出这座白石的殿越发有神儿。殿是方锁形，周围都是爱翁匿克式石柱，像是个廊子。当锁口的地方，是若干层的台阶儿。两头也有几层，上面各有殿基；殿基上，柱子下，便是那著名的"壁雕"。壁雕（Frieze）是希腊建筑里特别的装饰；在狭长的石条子上半深浅地雕刻着些故事，嵌在墙壁中间。这种壁雕颇有名作。如现存在不列颠博物院里的雅典巴昔农神殿的壁雕便是。这里的是一百三十二码长，有一部分已经移到殿对面的墙上去。所刻的故事是奥林匹亚诸神与地之诸子巨人们的战争。其中人物精力饱满，历劫如生。另一间大屋里安放着罗马建筑的残迹。一是大三座门，上下两层，上层全为装饰用。两层各用六对哥林斯式的石柱，与门相间着，隔出略带曲折的廊子。上层三座门是实的，里面各安着一尊雕像，全体整齐秀美之至。一是小神殿。两样都在第二世纪的时候。

近东古迹院里的东西是十九世纪末二十世纪初年德国东方学会在巴比仑和亚述发掘出来的。中间巴比仑的以色他门（Ischtar Gateway）最为壮丽。门建筑在二千五百年前奈补卡德乃沙王第二的手里。门圈儿高三十九英尺，城垛儿四十九英尺，全用蓝色珐琅砖砌成。墙上浮雕着一对对的龙（与中国所谓龙不同）和牛，黄的白的相间着；上下两端和边上也是这两色的花纹。龙是巴比仑城隍马得的圣物，牛是大神亚达的圣物。这些动物的像稀疏地排列着，一面墙上只有两行，犄角上只有一行；形状也单纯划一。色彩在那蓝的地子上，却非常之鲜明。看上去真像大幅缂丝的图案似的。还有巴比仑王宫里正殿的面墙，是与以色他门同时做的，颜色鲜丽也一样，只不过以植物图案为主罢了。马得祭道两旁屈折的墙基也用蓝珐琅砖；上面却雕着向前走的狮子。这个祭道直通以色他门，现在也修补好了一小段，仍旧安在以色他门前面。另有一件模型，是整个儿的巴比仑城。这也可以慰情聊胜无了。亚述巴先宫的面墙放在以色他门的对面，当然也是修补起来的：周围正正的拱门，一层层又细又密的柱了，在许多直线里透出秀气。

新博物院第一层中央是一座厅。两道宽阔而华丽的楼梯仿佛占住了那间大屋子，但那间屋子还是照样地觉得大不可言。屋里什么都高大；迎着楼梯两座复制的大雕像，两边墙上大幅的历史壁画，一进门就让人觉得万千的气象。德意志人的魄力，真有他们的。楼上本是雕版陈列室，今年改作哥德展览会。有哥德和他朋友们的像，他的画，他的书的插图等等。《浮士德》的插图最多，同一件事各人画来趣味各别。楼下是埃及古物陈列室，大大小小的"木乃伊"都有；小孩的也有。有些在头部放着一块板，板上画着死者的面相；这是用熔蜡画的，画法已失传。这似乎是古人一件聪明的安排，让千秋万岁后，还能辨认他们的面影。另有人种学博物院在别一条街上，分两院。所藏既丰富，又多罕见的。第一院吐鲁番的壁画最多。那些完好的真是妙庄严相；那些零碎的也古色古香。中国日本的东西不少，陈列得有系统极了，中日人自己动手，怕也不过如此。第二院藏的日本的漆器与画很好。史前的材料都收在这院里。有三间屋专陈列一八七一到一八九零希利曼（Heinrich Schlieman）发掘特罗衣（Troy）城所得的遗物。

故宫在博物院洲之北，一九二一年改为博物院，分历史的工艺的两部分。历史的部分都是王族用过的公私屋子。这些屋子每间一个样子；屋顶，墙壁，地板，颜色，陈设，各有各的格调。但辉煌精致，是异曲同工的。有一间屋顶作穹隆形状，蓝地金星，俨然夜天的光景。又一间张着一大块伞形的绸子，像在遮着太阳。又一间用了"古络钱"纹做全室的装饰。壁上或画画，或挂画。地板用细木头嵌成种种花样，光滑无比。外国的宫殿外观常不如中国的宏丽，但里边装饰的精美，我们却断乎不及。故宫西头是皇储旧邸。一九一九年因为国家画院的画拥挤不堪，便将近代的作品挪到这儿，陈列在前边的屋子里。大部分是印象派表现派，也有立体派。表现派是德国自己的画派。原始的精神，狂热的色调，粗野模糊的构图，你像在大野里大风里大火里。有一件立体派的雕刻，是三个人像。虽然多是些三角形，直线，可是一个有一个的神气，彼此还互相照应，像真会说话一般。表现派的精神现在还多多少少存在：柏林魏坦公司六月间有所谓"民众艺术展览会"，出售小件用具和玩物。玩物里如小动物孩子头之类，颇有些奇形怪状，别具风趣的。还有展览场六月间的展览里，有一部是剪贴画。用颜色纸或布拼凑成形，安排在一块地子上，一面加上些沙子等，教人有实体之感，一面却故意改变形体的比例与线条的曲直，力避写实的手法。有些现代人大约"是"要看了这种手艺才痛快的。

这一回展览里有好些小家屋的模型，有大有小。大概造起来省钱；

屋子里空气，光，太阳都够现代人用。没有那些无用的装饰，只看见横竖的直线。用颜色，或用对照的颜色，教人看一所屋子是"整个儿"，不零碎，不琐屑。小家屋如此，"大厦"也如此。德国的建筑与荷兰不同。他们注重实用，以简单为美，有时候未免太朴素些。近年来柏林这种新房子造得不少。这已不是少数艺术家的试验而是一般人的需要了。"新西区"一带便都是的。那一带住屋小而巧，里面的装饰干净利落，不显一点板滞。"大厦"多在东头亚历山大场，似乎美观的少。有些满用横线，像夹沙糕，有些满用直线，这自然说的是窗子。用直线的据说是美国影响。但美国房屋高入云霄，用直线合式；柏林的低多了，又向横里伸张，用直线便大大地不谐和了。"大厦"之外还有"广场"，刚才说的展览场便是其一。这个广场有八座大展览厅，连附属的屋子共占地十八万二千平方英尺；空场子合计起来共占地六十五万平方英尺。乍走进去的时候，摸不着头脑，仿佛连自己也会丢掉似的。建筑都是新式。整个的场子若在空中看，是一幅图案，轻灵而不板重。德意志体育场，中央飞机场，也都是这一类新造的广场。前两个在西，后一个在南，自然都在市外。此外电影院跳舞场往往得风气之先，也有些新式样。如铁他尼亚宫电影院那台，那灯，那花楼，不是用圆，用弧线，便是用与弧线相近的曲线，要的也是一个干净利落罢了。台上一圈儿一圈儿有些像排箫的是管风琴。管风琴安排起来最累赘，这儿的布置却新鲜悦目，也许电影管风琴简单些，才可以这么办。颜色用白银与淡黄对照，教人常常清醒。祖国舞场也是新式，但多用直线形；颜色似乎多一种黑。这里面有许多咖啡室。日本室便按日本式陈设，土耳其室便按土耳其式。还有莱茵室，在壁上画着莱茵河的风景，用好些小电灯点缀在天蓝的背景上，看去略得河上的夜的意思——自然，屋里别处是不用灯的。还有雷电室，壁上画着雷电的情景，用电光运转；电射雷鸣，与音乐应和着。爱热闹的人都上那儿去。

柏林西南有个波次丹（Potsdam），是佛来德列大帝的城。城外有个无愁园，园里有个无愁宫，便是大帝常住的地方。大帝迷法国，这座宫，这座园子都仿凡尔赛的样子。但规模小多了，神儿差远了。大帝和伏尔泰是好朋友，他请伏尔泰在宫里住过好些日子，那间屋便在宫西头。宫西边有一架大风车。据说大帝不喜欢那风车日夜转动的声音，派人跟那产主说要买它。出乎意外，产主楞不肯。大帝恼了，又派人去说，不卖便要拆。产主也恼了，说，他会拆，我会告他。大帝想不到乡下人这么倔强，大加赏识，那风车只好由它响了。因此现在便叫它做"历史的风车"。隔无愁宫没多少路，有一座新宫，里面有一间"贝厅"，墙上地上满嵌着美丽的贝壳和宝石，虽然奇诡，却以素雅胜。

1933 年 12 月 22 日作完。

（原载 1934 年 2 月 1 日《中学生》第 32 号）

13．罗马

● 朱自清

罗马（Rome）是历史上大帝国的都城，想象起来，总是气象万千似的。现在它的光荣虽然早过去了，但是从七零八落的废墟里，后人还可仿佛于百一。这些废墟，旧有的加上新发掘的，几乎随处可见，像特意点缀这座古城的一般。这边几根石柱子，那边几段破墙，带着当年的尘土，寂寞地陷在大坑里；虽然在夏天中午的太阳，照上去也黯黯淡淡，没有多少劲儿。就中罗马市场（Forum Romanum）规模最大。这里是古罗马城的中心，有法庭，神庙，与住宅的残迹。卡司多和波鲁斯庙的三根哥林斯式的柱子，顶上还有片石相连着；在全场中最为秀拔，像三个丰姿飘洒的少年用手横遮着额角，正在眺望这一片古市场。想当年这里终日挤挤闹闹的，也不知有多少人，各有各的心思，各有各的手法；现在只剩三两起游客指手画脚地在死一般的寂静里。犄角上有一所住宅，情形还好；一面是三间住屋，有壁画，已模糊了，地是嵌石铺成的；旁厢是饭厅，壁画极讲究，画的都是正大的题目，他们是很看重饭厅的。市场上面便是巴拉丁山，是饱历兴衰的地方。最早是一个村落，只有些茅草屋子；罗马共和末期，一姓贵族聚居在这里；帝国时代，更是繁华。游人走上山去，两旁宏壮的住屋还留下完整的黄土坯子，可以见出当时阔人家的气局。屋顶一片平场，原是许多花园，总名法内塞园子，也是四百年前的旧迹；现在点缀些花木，一角上还有一座小喷泉。在这园子里看脚底下的古市场，全景都在望中了。

市场东边是斗狮场，还可以看见大概的规模；在许多宏壮的废墟里，这个算是情形最好的。外墙是一个大圆圈儿，分四层，要仰起头才能看到顶上。下三层都是一色的圆拱门和柱子，上一层只有小长方窗户和楞子，这种单纯的对照教人觉得这座建筑是整整的一块，好像直上云霄的松柏，老干亭亭，没有一些繁枝细节。里面中间原是大平场；中古时在这儿筑起堡垒，现在满是一道道颓毁的墙基，倒成了四不像。这场子便是斗狮场；环绕着的是观众的座位。下两层是包厢，皇帝与外宾的在最下层，上层是贵族的；第三层公务员坐；最上层平民坐：共可容四五万人。狮子洞还在下一层，有口直通场中。斗狮是一种刑罚，也可以说是一种裁判：罪囚放在狮子面前，让狮子去搏他；

他若居然制死了狮子，便是直道在他一边，他就可自由了。但自然是让狮子吃掉的多；这些人大约就算活该。想到临场的罪囚和他亲族的悲苦与恐怖，他的仇人的痛快，皇帝的威风，与一般观众好奇的紧张的面目，真好比一场恶梦。这个场子建筑在一世纪，原是戏园子，后来才改作斗狮之用。

斗狮场南面不远是卡拉卡拉浴场。古罗马人颇讲究洗澡，浴场都造得好，这一所更其华丽。全场用大理石砌成，用嵌石铺地；有壁画，有雕像，用具也不寻常。房子高大，分两层，都用圆拱门，走进去觉得稳稳的；里面金碧辉煌，与壁画雕像相得益彰。居中是大健身房，有喷泉两座。场子占地六英亩，可容一千六百人洗浴。洗浴分冷热水蒸气三种，各占一所屋子。古罗马人上浴场来，不单是为洗澡；他们可以在这儿商量买卖，和解讼事等等，正和我们上茶店上饭店一般作用。这儿还有好些游艺，他们公余或倦后来洗一个澡，找几个朋友到游艺室去消遣一回，要不然，到客厅去谈谈话，都是很"写意"的。现在却只剩下一大堆遗迹。大理石本来还有不少，早给搬去造圣彼得等教堂去了；零星的物件陈列在博物院里。我们所看见的只是些巍巍峨峨参参差差的黄土骨子，站在太阳里，还有学者们精心研究出来的《卡拉卡拉浴场图》的照片，都只是所谓过屠门大嚼而已。

罗马从中古以来便以教堂著名。康南海《罗马游记》中引杜牧的诗"南朝四百八十寺，多少楼台烟雨中"，光景大约有些相像的；只可惜初夏去的人无从领略那烟雨罢了。圣彼得堂最精妙，在城北尼罗圆场的旧址上。尼罗在此地杀了许多基督教徒。据说圣彼得上十字架后也便葬在这里。这教堂几经兴废，现在的房屋是十六世纪初年动工，经了许多建筑师的手。密凯安杰罗七十二岁时，受保罗第三的命，在这儿工作了十七年。后人以为天使保罗第三假手于这一个大艺术家，给这座大建筑定下了规模；以后虽有增改，但大体总是依着他的。教堂内部参照卡拉卡拉浴场的式样，许多高大的圆拱门稳稳地支着那座穹隆顶。教堂长六百九十六英尺，宽四百五十英尺，穹隆顶高四百〇三英尺，可是乍看不觉得是这么大。因为平常看屋子大小，总以屋内饰物等为标准，饰物等的尺寸无形中是有谱子的。圣彼得堂里的却大得离了谱子，"天使像巨人，鸽子像老鹰"；所以教堂真正的大小，一下倒不容易看出了。但是你若看里面走动着的人，便渐渐觉得不同。教堂用彩色大理石砌墙，加上好些嵌石的大幅的名画，大都是亮蓝与朱红二色；鲜明丰丽，不像普通教堂一味阴沉沉的。密凯安杰罗雕的彼得像，温和光洁，别具一格，在教堂的犄角上。

圣彼得堂两边的列柱回廊像两只胳膊拥抱着圣彼得圆场；留下一个口子，却又像个玦。场中央是一座埃及的纪功方尖柱，左右各有大喷泉。那两道回廊是十七世纪时亚历山大第三所造，成于倍里尼（Pernini）之手。廊子里有四排多力克式石柱，共二百八十四根；顶上前后都有栏杆，前面栏杆上并有许多小雕像。场左右地上有两块圆石头，站在上面看同一边的廊子，觉得只有一排柱子，气魄更雄伟了。这个圆场外有一道弯弯的白石线，便是梵蒂冈与意大利的分界。教皇每年复活节站在圣彼得堂的露台上为人民祝福，这个场子内外据说是拥挤不堪的。

圣保罗堂在南城外，相传是圣保罗葬地的遗址，也是柱子好。门前一个方院子，四面廊子里都是些整块石头凿出来的大柱子，比圣彼得的两道廊子却质朴得多。教堂里面也简单空廓，没有什么东西。但中间那八十根花岗石的柱子，和尽头处那六根蜡石的柱子，纵横地排着，看上去仿佛到了人迹罕至的远古的森林里。柱子上头墙上，周围安着嵌石的历代教皇像，一律圆框子。教堂旁边另有一个小柱廊，是十二世纪造的。这座廊子围着一所方院子，在低低的墙基上排着两层各色各样的细柱子——有些还嵌着金色玻璃块儿。这座廊子精工可以说像湘绣，秀美却又像王羲之的书法。

在城中心的威尼斯方场上巍然盘踞着的，是也马奴儿第二的纪功廊。这是近代意大利的建筑，不缺少力量。一道弯弯的长廊，在高大的石基上。前面三层石级：第一层在中间，第二三层分开左右两道，通到廊子两头。这座廊子左右上下都匀称，中间又有那一弯，便兼有动静之美了。从廊前列柱间看到暮色中的罗马全城，觉得幽远无穷。

罗马艺术的宝藏自然在梵蒂冈宫；卡辟多林博物院中也有一些，但比起梵蒂冈来就太少了。梵蒂冈有好几个雕刻院，收藏约有四千件，著名的《拉奥孔》（LaocooEn）便在这里。画院藏画五十幅，都是精品，拉飞尔的《基督现身图》是其中之一，现在却因修理关着。梵蒂冈的壁画极精彩，多是拉飞尔和他门徒的手笔，为别处所不及。有四间拉飞尔室和一些廊子，里面满是他们的东西。拉飞尔由此得名。他是乌尔比奴人，父亲是诗人兼画家。他到罗马后，极为人所爱重，大家都要教他画；他忙不过来，只好收些门徒作助手。他的特长在画人体。这是实在的人，肢体圆满而结实，有肉有骨头。这自然受了些佛罗伦司派的影响，但大半还是他的天才。他对于气韵，远近，大小与颜色也都有敏锐的感觉，所以成为大家。他在罗马住的屋子还在，坟在国葬院里。歇司丁堂与拉飞尔室齐名，也在宫内。这个神堂是十五世纪时歇司土司第四造的，第一百三十三英尺，宽四十五英尺。两旁墙的上部，都由佛罗伦司派画家装饰，有波铁乞利在内。屋顶的画满都是密凯安杰罗的，歇司丁堂著名在此。密凯安杰罗是佛罗伦司派的极峰。他不多作画，一生精华都在这里。他画这屋顶时候，以深沉肃穆的心情渗入画中。他的构图里气韵流动着，形体的勾勒也自然灵妙，还有那雄伟出尘的风度，都是他独具的好处。堂中祭坛的墙上也是他的大画，叫做《最后的审判》。这幅壁画是以后多年画的，费了他七年工夫。

罗马城外有好几处隧道，是一世纪到五世纪时候基督教徒挖下来做墓穴的，但也用作敬神的地方。尼罗搜杀基督教徒，他们往往避难于此。最值得看的是圣卡里斯多隧道。那儿还有一种热诚花，十二瓣，据说是代表十二使徒的。我们看的是圣赛巴司提亚堂底下的那一处，大家点了小蜡烛下去。曲曲折折的狭路，两旁是大大小小深深浅浅的墓穴；现在自然是空的，可是有时还看见些零星的白骨。有一处据说圣彼得住过，成了龛堂，壁上画得很好。另处也还有些壁画的残迹。这个隧道似乎有四层，占的地方也不小。圣赛巴司提亚堂里保存着一块石头，上有大脚印两个；他们说是耶稣基督的，现在供养在神龛里。另一个教堂也供着这么一块石头，据说是仿本。

缧绁堂建于第五世纪，专为供养拴过圣彼得的一条铁链子。现在这条链子还好好的在一个精美的龛子里。堂中周理乌司第二纪念碑上有密凯安杰罗雕的几座像；摩西像尤为著名。那种原始的坚定的精神和勇猛的力量从眉目上，胡须上，胳膊上，手上，腿上，处处透露出来，教你觉得见着了一个伟大的人。又有个阿拉古里堂，中有圣婴像。这个圣婴自然便是耶稣基督；是十五世纪耶路撒冷一个教徒用橄榄木雕的。他带它到罗马，供养在这个堂里。四方来许愿的很多，据说非常灵验；它身上密层层地挂着许多金银饰器都是人家还愿的。还有好些信写给它，表示敬慕的意思。

罗马城西南角上，挨着古城墙，是英国坟场或叫做新教坟场。这里边葬的大都是艺术家与诗人，所以来参谒来凭吊的意大利人和别国的人终日不绝。其中最有名的自然是十九世纪英国浪漫诗人雪莱与济兹的墓。雪莱的心葬在英国，他的遗灰在这儿。墓在古城墙下斜坡上，盖有一块长方的白石；第一行刻着"心中心"，下面两行是生卒年月，再下三行是莎士比亚《风暴》中的仙歌。

彼无毫毛损，

海涛变化之，

从此更神奇。

好在恰恰关合雪莱的死和他的为人。济慈墓相去不远，有墓碑，上面刻着道：

这座坟里是

英国一位少年诗人的遗体；

他临死时候，

想着他仇人们的恶势力，

痛心极了，叫将下面这一句话

刻在他的墓碑上：

"这儿躺着一个人，

他的名字是用水写的。"

末一行是速朽的意思；但他的名字正所谓"不废江河万古流"，又岂是当时人所料得到的。后来有人别作新解，根据这一行话做了一首诗，连济慈的小像一块儿刻铜嵌在他墓旁墙上。这首诗的原文是很有风趣的。

济慈名字好，

说是水写成；

一点一滴水，

后人的泪痕——

英雄枯万骨，

难如此感人。

安睡吧，

陈词虽挂漏，

高风自峥嵘。

这座坟场是罗马富有诗意的一角；有些爱罗马的人虽不死在意大利，也会遗嘱葬在这座"永远的城"的永远的一角里。

（原载 1932 年 10 月 1 日《中学生》第 28 号）

14.　佛罗伦司

◉ 朱自清

佛罗伦司（Florence）[1]最教你忘不掉的是那色调鲜明的大教堂与在它一旁的那高耸入云的钟楼。教堂靠近闹市，在狭窄的旧街道与繁密的市房中，展开它那伟大的个儿，好像一座山似的。它的门墙全用大理石砌成，黑的红的白的线条相间着。长方形是基本图案，所以直线虽多，而不觉严肃，也不觉浪漫。白天里绕着教堂走，仰着头看，正像看达·芬奇的《摩那丽沙》[1]（MonaLisa）像，她在你上头，可也在你里头。这不独是线形温和平静的缘故，那三色的大理石，带着它们的光泽，互相显映，也给你鲜明稳定的感觉。加上那朴素而黯淡的周围，衬托着这富丽堂皇的建筑，像给它打了很牢固的基础一般。夜晚就不同些。在模糊的街灯光里，这庞然的影子便有些压迫着你了。教堂动工在十三世纪，但门墙只是十九世纪的东西。完成在一八八四年，算到现在才四十九年。

---

① 今译蒙娜丽莎

教堂里非常简单，与门墙决不相同，只穹隆顶宏大而已。钟楼在教堂的右首，高二百九十二英尺，是乔陀（Giotto，十四世纪）的杰作。乔陀是意大利艺术的开山祖师。从这座钟楼可以看出他的大匠手。这也用颜色大理石砌成墙面。宽度与高度正合式，玲珑而不显单薄。墙面共分七层：下四层很短，是打根基的样子，最上层最长，以助上耸之势。窗户越高越少越大，最上层只有一个。在长方形中有金字塔形的妙用。教堂对面是受洗所，以吉拜地（Ghiberti）做的铜门著名。有两扇最工，上刻《圣经》故事图十方，分远近如画法，但未免太工些；门上并有作者的肖像。密凯安杰罗②（十六世纪）说过这两扇门真配做天上乐园的门，传为佳话。

教堂内容富丽的，要推送子堂，以《送子图》得名。门外廊子里有沙陀（Sarto，十六世纪）的壁画，他自己和他太太都在画中。画家以自己或太太作模特儿是常见的。教堂里屋顶以金漆花纹界成长方格子，灿烂之极。门内左边有一神龛，明灯照耀，香花供养，墙上便是《送子图》。画的是天使送耶稣给处女玛利亚，相传是天使的手笔。平常遮着不让我们俗眼看。每年只复活节的礼拜五揭开一次。这是塔斯干省最尊的神龛了。

梅迭契（Medici）家庙也以富丽胜，但与别处全然不同。梅迭契家是中古时大公爵，治佛罗伦司多年。那时佛罗伦司非常富庶，他们家穷极奢华。佛罗伦司艺术的兴盛，一半便由于他们的爱好。这个家庙是历代大公爵家族的葬所。房屋是八角形，有穹隆顶。家庙分两层，下层是坟墓，上层是雕像与纪念碑等。上层墙壁，全用各色上好大理石作面子，中间更用宝石嵌成花纹，地也用大理石嵌花铺成。屋顶是名人的画。光彩焕发，五色纷纶。嵌工最精细，平滑如天然。佛罗伦司嵌石是与威尼斯嵌玻璃齐名的，梅迭契家造这个庙，用过二千万元，但至今并未完成。雕像座还空着一大半，地也没有全铺好。旁有新庙，是密凯安杰罗所建，朴质无华。中有雕像四座，叫做《昼》《夜》《晨》《昏》，是纪念碑的装饰，是出于密凯安杰罗的手，颇有名。

十字堂是"佛罗伦司的西寺"，"塔斯干的国葬院"。前面是但丁的造像。密凯安杰罗与科学家格里雷的墓都在这里，但丁也有一座纪念碑；此外名人的墓还很多。佛罗伦司与但丁有关系的遗迹，除这所教堂外，在送子堂附近是他的住宅。是一所老老实实的小砖房，带一座方楼，据说那时阔人家都有这种方楼的。他与他的情人佩特拉齐相遇，传说是在一座桥旁。这个情景常见于图画中。这座有趣的桥，照画看便是阿奴河上的三一桥；桥两头各有雕像两座，风光确是不坏。佩特拉齐的住宅离但丁的也不远。她葬在一个小教堂里，就在住宅对面小胡同内。这个教堂双扉紧闭，破旧得可以，据说是终年不常开的。但丁与佩特拉齐的屋子，现在都已作别用，不能进去，只墙上钉些纪念的木牌而已。佩特拉齐住宅墙上有一块木牌，专钞但丁的诗两行，说他遇见了一个美人，却有些意思。还有一所教堂，据说原是但丁写《神曲》的地方。但书上没有，也许是"齐东野人"之语罢。密凯安杰罗住过的屋子在十字堂近旁，是他侄儿的住宅。现在是一所小博物院，其中两间屋了陈列着密凯安杰罗塑的小品，有些是名作的雏形，都奕奕有神采。在这一层上，他似乎比但丁还有幸些。

佛罗伦司著名的方场叫做官方场，据说也是历史的和商业的中心，比威尼斯的圣马克方场黯淡冷落得多。东边未周府，原是共和时代的议会，现在是市政府。要看中古时佛罗伦司的堡子，这便是个样子，建筑仿佛铜墙铁壁似的。门前有密凯安杰罗《大卫》（David）像的翻本（原件存本地国家美术院中）。府西是著名的喷泉，雕像颇多。中间亚波罗驾四马，据说是一块大理石凿成。但死板板的没有活气，与旁边有血有肉的《大卫》像一比，便看出来了。密凯安杰罗说这座像白费大理石，也许不错。府东是朗齐亭，原是人民会集的地方，里面有许多好的古雕像。其中一座像有两个面孔，后一个是作者自己。

方场东边便是乌费齐画院（UffiziGallery）。这画院是梅迭契家立的，收藏十四世纪到十六世纪的意大利画最多；意大利画的精华荟萃于此，比那儿都好。乔陀，波铁乞利（BottiDcelli，十五世纪），达·芬奇（十五世纪），拉飞尔（十六世纪），密凯安杰罗，铁沁的作品，这儿都有。波铁乞利和铁沁的最多。乔陀、波铁乞利、达文齐都是佛罗伦司派，重形线与构图。拉飞尔曾到佛罗伦司，也受了些影响。铁沁是威尼斯派，重着色。这两个潮流是西洋画的大别。波铁乞利的作品如《勃里马未拉的寓言》，《爱神的出生》等似乎最能代表前一派；达文齐的《送子图》，构图也极巧妙。铁沁的《佛罗拉像》和《爱神》，可以看出丰富的颜色与柔和的节奏。另有《蓝色圣母像》，沙琐费拉陀（Sossoferrato，十七世纪）所作，后来临摹的很多。《小说月报》曾印作插图。古雕像以《梅迭契爱神》，《摔跤》为最：前者情韵欲流，后者精力饱满，都是神品。隔阿奴河有辟第（Pitti）画院，有长廊与乌费齐相通；这条长廊架在一座桥的顶上，里面挂着许多画像。辟第画院是辟第（LucaPitti）立的。他和梅迭契是死冤家。可是后来扩充这个画院的还是梅迭契家。收藏的名画有拉飞尔的《圣母像》，《福那利那像》与铁沁的《马达来那像》等。福那利那是拉飞尔的未婚妻，是他许多名作的模特儿。铁沁此幅和《佛罗拉像》作风相近，但金发飘拂，节奏更要生动些。

两个画院中常看见女人坐在小桌旁用描花笔蘸着粉临摹小画像，这种小画像是将名画临摹在一块长方的或椭圆的小纸上，装在小玻璃框里，作案头清供之用。因为地方太小，只能临摹半身像。这也是西方一种特别的艺术，颇有些历史。看画院的人走过那些小桌子旁，她们往往请你看她们的作品；递给你扩大镜让你看出那是一笔不苟的。每件大约二十元上下。她们特别拉住些太太们，也许太太们更能赏识她们的耐心些。

十字堂邻近，有许多做嵌石的铺子。黑地嵌石的图案或带图案味的花卉人物等都好。好在颜色与光泽彼此衬托，恰到佳处。有几块小丑像，趣极了。但临摹风景或图画的却没有什么好。无论怎么逼真，总还隔着一层；嵌石决不能如作画那么灵便的。再说即使做得和画一般，也只是困难见巧，没有一点新东西在内。威尼斯嵌玻璃却不一样。他们用玻璃小方块嵌成风景图；这些玻璃块相似而不尽相同，它们所构成的不是一个简单的平面，而是许多颜色的点儿。你看时会觉得每一点都触着你，它们间的光影也极容易跟着你的角度变化；至少这"触着你"一层，画是办不到的。不过佛罗伦司所用大理石，色泽胜于玻璃多得多；威尼斯人虽会着色，究竟还赶不上。

（原载 1932 年 9 月 1 日《中学生》第 27 号）

①今译名为：佛罗伦萨。

②今译名为：米开朗基罗。

15. 长安行

◉ 郑振铎

——考古游记之一

住的地方，恰好在开陕西省先进生产者代表会议，碰到了不少位在各个生产战线上的先进工作者的代表，个个红光满面，喜气洋洋，看得出是蕴蓄着无限的信心与决心，蕴蓄着无穷的克服任何困难的力量。社会主义的工业建设是一日千里地在进展着，眼看见的将是一个崭新的大西安城，一个空前的宏大的工业城市。灰色的破落的西安，将一去不复返。我想，明年今天再来时，将很难认识现在的街道了。许多久住在这个古城里的朋友们和我一同出城一趟，便说："变得多了，已经连道路也认不出来了。前几个月来时，哪里有那么多的建筑物！新房子叫人连方向也辨不清了。"的确，这最年轻的工业城市，就建筑在一座中国最古老的文化城市的基础上。

说起长安，谁不联想到秦皇、汉武来，谁不联想起汉唐盛世来，谁不联想到司马相如和司马迁就在这里写出他们的不朽的大作品来，谁不联想到李白、杜甫、王维、韩愈、白居易、杜牧来，他们的许多伟大的诗篇就是在这里吟成的。站在少陵原上的杜公祠远眺樊川，一水如带，以绕着浓绿浅绿的麦苗和红萍霞的正大放着的杏花，组成绝大的一幅锦绣的高高低低的大原野，那里就是韦曲、杜曲的所在，也就是一个大学的新址的所在。杜甫的家宅还有痕迹可找到么？每一寸土，每一个清池的遗迹，都可以有它们诗般的美丽的故事给人传诵。相隔不太远的地方，就是蓝田县，就是辋川，也就是有名的诗人兼画家的王维所留恋久住的地方，就是有名的《辋川图》，和裴迪联吟的"诗中有画，画中有诗"的地方。从少陵原再过去，就是兴教寺的所在了。那是三藏法师玄奘的埋骨之地，一座高塔建筑在他的墓地上，旁有二塔，较小，那是他的大弟子圆测和窥基的墓塔。关于窥基曾流传过很美丽而凄侧的一段故事。这个地方的风景很好，远望终南山白云封绕，唐代的诗人们曾经产生出许多诗的想象来。

站在长安城的中心——一钟楼的最高层上，向北看是大冢累累的高原。刘邦、吕雉的坟，以及他们的子孙的坟都在那里，晓雾初消的时候，构成了一幅像烽火台密布似的沧荒的奇景。向南向东望，是烟囱林立，扑扑突突地尽往天空上吐烟，仿佛蕴蓄着无限的热与力。就在那儿，十分重要的仰韶文化（新石器时代）遗址是相当完整地被保存着。再向东望，隐隐约约地可指出骊山的影子来，秦始皇帝就埋身其下，华清池依旧是最好的温泉之一。七月七夕，唐明皇和杨贵妃站在那里私誓"在天愿为比翼鸟，在地愿为连理枝"的长生殿也就在那里。向南望，双塔屹立，尖细若春笋的是小雁塔，壮崛而稳坐在那里似的是大雁塔。终南山在依稀仿佛之间。新建筑的密密层层地一幢幢的高楼大厦，密布在那里。向西望，那就是周文王、武王的奠立帝国的根据地丰京和镐京遗址所在地。灵台和灵囿的残迹还可寻找呢。读着《诗经》，读着《孟子》，不禁神往于这些古老的地方了。就在这些最古老的地方，新的建筑物和工厂，纷纷地被布置在丰水的两岸。还可望到汉代的昆明池，大的石雕的牛郎、织女像还站在那里，隔着水遥遥相望呢。——当地称为石公、石婆，并各有庙。

没有一个城市比之今天的西安，更为显著地揉合着"古"与"今"的了。再没有一寸土没有历史的古老文化的基础上，建立起了新的社会主义工业和新的社会主义文化。新的长安城，毫无疑问地，将比汉唐盛世的长安城，更加扩大，更加繁华。点缀在这个新的工业大城市里的是处处都可遇到的赫赫有名的名胜古迹和古墓葬、古文化遗址。从新石器时代的仰韶文化起，中国历史的整整大半部，是在这个大都城里演出的。它就是历史的本身，就是历史的具体例证。这些，将永远不会埋灭。社会主义社会里的人民都知道将怎样保护自己的光荣的古老的文化和其遗存物。在林林总总的大工厂附近，在大的研究机构和学校的左右，有一处两处甚至许多处的古迹名胜或古墓葬或古代文化遗址，将相得益彰，而绝对不会显得有什么"不调和"。他们在休假日，将成群结队地去参观半坡村的仰韶遗址，那是四千多年以前的原始社会人民的居住区域。他们看到那些圆形的、方形的住宅，葬小孩子的瓮棺。他们看到那个时代的艺术家们，怎样在红色陶器的上面，画出活泼泼两条鱼在张开大嘴追逐着，画出几只鹿在飞奔着，画出一个圆圆的大脸，却在双耳之旁加画了两条小鱼，仿佛要钻进人的耳朵里去。他们看到那时候人民所用的钓鱼钩、渔叉、渔网坠。他们会想象得到：在那个时候，半坡这地方是多水的、多鱼的——那时候的人从事农业生产，但似以捕鱼为副业。他们看到骨制的鱼钩，已经发明了"倒钩"，会惊诧于那时的人民的智慧的高超的。他们将远足旅行到汉武帝的茂陵去。在那里，会看见围绕着那个大土台，有多少赫赫的名臣、名将的墓。霍去病、卫青、霍光都埋葬在那里，还有李夫人的墓也紧挨着。在那里，还可以捡拾得到汉砖、汉瓦的残片。

霍去病墓的石刻，正确地明白地代表了汉武帝那个伟大时代的伟大的艺术创作。现存着十一个石刻，除了两个鱼的雕刻——似是建筑的附属物——还在墓顶上外，其他九个石刻都已经盖了游廊，好好地保护起来。谁看了卧牛和卧马，特别是那一匹后腿卧地而前蹄挣扎着将起立的马，能不为其"力"与"威"震慑住呢！那块"熊抱子"的石头，虽只是线刻，而不曾透雕，但也能把子母熊的感情表达出来。那两千多年前的中国雕刻家们的作品，是和希腊、罗马的雕刻不同的，是别具一种民族风格、是世界上最高超的艺术品之一部分。谁能为这些石刻写几部大书出来呢？有机会站在那里，带着崇高的欣赏之心，默默地端详着它们的人们，是幸福的！他们还将到华清池去，过个十分愉快的休沐日。他们还将到唐高宗的乾陵去，欣赏盛唐时代的石刻，一整列的石人、石马，一对鸵鸟、一对飞马，还有拱手而立的许多酋长、番王的石像（可惜都缺了头），都值得看了又看，看个心满意足。长安城的内外，是有那么多的名胜古迹，足资流连，足以考古，足以证史的地方啊！一时是诉说不尽的。韦曲、杜曲、王曲以及曲江池、樊川等古人游乐之地，今天只要稍加疏浚，也就可以成为十分漂亮的人民公园。我想不久的将来，我们就会看到那个宏伟而美丽的大公园在长安城南出现的。"古"与"今"，古老的文化和社会主义的工业建设，结合得如此的巧妙，如此的吻合无间，正足以表现我们中国是一个很古老的国家，同时又是一个很年轻的国家。不仅西安市是如此，全国范围内的许多城市也都是同样地把"古"与"今"结合起来的，而西安市是一个特别突出的、值得特别提起的一个典型的好例子。

1957 年 1 月

16. 春风满洛城

◉ 郑振铎

——考古游记之二

去年 3 月 26 日午夜，我从西安到了洛阳。这个城市也是很古老的，又是很年轻的。工厂林立在桃红柳绿的春天的田野里，还有更多的工厂在动土、在建筑。但古老的埋藏在地下的都市也都陆续地被翻掘出来。从周代的王城、汉代的东都，直到诗人白居易、历史学家司马光他们的遗迹，全都值得我们的向往和注意。这个古城的东郊，是白马寺的所在地，那是相传为汉明帝时代，白马驮经，从印度把佛教经典初次输入中国时建立起来的第一个佛教寺院。今天，山门的两座穹形门洞，其上嵌着不少块汉代的石刻（是取当地出土的汉代石刻而加以利用的，据说明朝人所为），其四围墙角，也多半使用汉砖、汉石砌成。可以说是世界上十分阔绰的一个寺院了。寺内古松苍翠，至少已有三五百年的寿命。大殿里的几尊古佛、菩萨的塑像，古雅美丽，当是元代或明初之物，甚至可能是辽、金的遗制。再往东走，乃是李密城，即金村遗址所在地，在那里曾出土了七十多块古空心墓砖，五十年前曾经震撼了一世耳目。那扑扑地向天惊飞的鸿雁，那且嗅且搜索地、威猛而稳慎地前进捕捉什么的猎狗，那执杖前行的老人，那手执竹简而趋的学者，那相遇而揖的两个行人，都将二千多年前的艺术家的现实主义的表现力，活泼泼地重现于我们的眼前。这全部墓砖，现在陈列于加拿大的博物院里，但我们是永远地不会忘记它们的。还有好些绝精绝美的战国时代的金银镶嵌（即金银错）的铜器，特别是那面人兽相搏的古铜镜，成为世界上任何博物院的骄傲。可惜，包括那面古镜在内，绝大多数都不在国内。

除了帝国主义者们长久地在洛阳掠夺出土古物之外，解放后的几年之内，国人才开始做着科学的考古发掘工作。这是一个"无牛眠之地"的几千年的古墓葬、古遗址的累积地。单是 1953 年到 1955 年，就发现了六千多座墓葬，其中有一千七百三十八座已经加以发掘。古遗址也已发现了两处。所得的古文物，从仰韶时期的彩陶、龙山时期的黑陶，到汉代的大量遗物，成为临时博物馆，周公庙里的辉煌的陈列品吸引了许多游人的注意与赞叹。

我走在大道上，春风吹拂着，太阳晒得很暖和，就看见工人们在使用洛阳铲钻探古墓。就在那大道上，发现了一个汉代的砖墓和一个较小的土墓，我都会跳下去考察一番。在农民们打井挖渠的时候，也出现了不少古墓。在新开辟的金矿公路上，有一个大汉墓，中有壁画，还保存得不坏。我也去看过。在新鲜的春天的气息里，嗅得到古代的泥土的香味，但随地有古墓的事实却引起了从事建设工作的担心。有一个干部宿舍，把两个床陷落到地下的古洞去了，幸未伤人。新建的水塔，倾斜得很厉害。压路机掉落到七米多深的大墓里去。有此种种经验教训，建设部门才知道不清理好地下的古墓葬，便不能在地上进行建设。因之，也便加强了和考古部门、文化部门的合作，因此，便处处出现了洛阳铲的钻探队。这是完全必要的。不清理好地下的，便不能建设好地上的。这道理已经是建设部门所"家喻户晓"的了。但凡有不相信这道理，一意孤行鲁莽从事的，没有不出乱子。最深刻的教训，就是那些地方工业系统的打包厂、砖瓦厂、纺纱厂等等。

在周公庙看到的好东西多极了，也精彩极了，往往是前所未见的。像一面出土于唐墓的嵌螺钢的平托镜，那镜背上的图画，精丽工致的程度，令人心动魄荡。可以说是一幅《夜宴图》。月在天空，树上有凤凰，有鹦鹉，树下有池，池上有一对鸳鸯，相逐而行。还有两位老者，席地而坐，一弹阮咸，一持杯欲饮，一双鬟侍立于后。这面古镜远比日本正仓院所藏的同类的唐代物为精美。

28日，到龙门去。这是值得在那里停留十月八月，或一年两年的时光，应该写出几本乃至几十本的专书来的一个伟大的古代艺术宝库。这里只能简单地说一下。龙门的佛像多被帝国主义者们盗去，但存在于各洞里的大小佛像，仍有二万尊以上。西山区以潜溪洞、新洞、宾阳三洞、双窑南北洞、万佛洞、老龙洞、莲花洞、破窟、奉先寺、药方洞及古阳洞为最著。宾阳洞被剜斫下去，盗运出国的两方著名的浮雕，即北魏时代的皇帝礼佛图和皇后礼佛阁，斧凿的遗痕犹在，令人见之，悲愤不已！那些保存下来的石雕刻，表现了从北魏到唐代的各时期的雕刻家们最精心雕琢出来的伟大的精美的艺术品，成为中国美术史上最辉煌的若干篇页。我站在若干大佛像、小佛像的前面，细细地欣赏着，只感到时间太短促了。有人在搭木架，以石膏传摹若干代表作下来。但愿有一个时候，在北京和其他地方也能看到这些最好的中国雕刻的石膏复制的代表作品。

经过一座横跨于伊水上的草桥（这草桥到了水大时就被冲断，东西山的交通也就中断了），到了东山区。这里以擂鼓台、四方千佛洞最著名。十多尊的罗汉像，神情活泼极了，在国内许多泥塑木雕的罗汉像里，这里所有的，是最古老的，也是最庄严美妙的。东山区的石洞中多空无所有，破坏最甚。有几个石灰窑，在万佛沟里烧石灰。幸及早予以制止，免于全毁。

东山的高处是香山寺，现已改为某干部疗养院。徒然破坏了这个重要的名胜古迹，而绝对解决不了疗养院的房屋问题。且山高招风，交通时断，实也不适宜于做疗养地。在山上走了一段路，到了诗人白居易的墓地，墓顶还有纸钱在飘扬。清明才过，白氏子孙住在山下者，刚来上过坟（听说他们年年都上山上坟）。黄澄澄的将落的夕阳，照在黄澄澄的墓土上，站在那里，不禁涌起了一缕凄楚的情思。

29日，去访问东汉时代的太学遗址。这座太学，在其最盛时代，曾经有六万多学生在那里上学。到今天为止，恐怕世界上还没有比它规模更宏伟的一座大学。但这遗址，知道的人却不多。我们渡洛河，过枣园，沿途打听，将近二小时，才到达朱圪瘩村。一路上时见地面有烟雾似的尘气上升，飞扫而过。有人说，这就是庄子所谓"野马也，尘埃也"中的"野马"。一位李老者引导我们到遗址去。显著地可看出是一大片较高的地面，许多农民正在辛勤地打井。我问他们："有发现石经的碎片么？"他们说："近半年来已打不出了。"他们人人都知道《石经》，发现有一二个字的碎块就可以卖钱。过去男男女女，老老少少，在农闲的时候就去挖地寻"经"。民国十八年（1929）时，在黄氏墓地上出土过晋咸宁四年（278）的《皇帝重临辟雍碑》。李老者领我们到这块地上去看。他说，还有《石经》的碑座散在各村呢。我们在朱圪瘩村见到一座，在大郊村见到三座。这些碑座底宽二尺三寸四，长三尺六寸，厚一尺九分。有中缝，深三寸，宽五寸又二分之一。此当是汉三体《石经》的碑座，应予以保护保管。《辟雍碑》也在大郊村，侧卧于地。我找了村长来，要他好好地保护这座碑，并建筑一座草屋于碑上。

下午，到倒塌掉的砖瓦厂去查勘。在这个砖瓦厂的范围里，周、汉、宋墓密布，一受大批的砖瓦的巨大重量的压力，即纷纷下陷，以致停工不用。大洞深陷的大周墓和弄塌的窑穴，互相交错着。见之触目惊心。这是"古"与"今"同受其祸的盲目地动土的活生生的大榜样。

入邙山，登其峰，见处处白纸乱飞，皆是清明时节，子孙们来上坟的余迹，坟上套坟，不知有几许历代的名人杰士、美女才子，埋身于此。有大冢隆起于远处，有如一个大平台，乃是一座汉帝的陵墓。邙山西起潼关，东到郑州，南北阔达四十里，直到黄河边上。山上均是大大小小的古今墓葬。北邙山在洛阳之北，乃是百年来有名的出土陶俑和其他古器物的所在地，大部分精美的古代艺术品都已出国。发掘之惨，旷古未闻。解放后，此风才泯绝。

洛阳市的建设规划，即如何在这个古老的城市里进行新的大规模的建设，不破坏或少破坏古墓葬和古代遗址，并如何好好地保护它们，使在崭新的林立的工厂当中，保存着特出的非保存不可的古墓葬和古代遗址的问题，正在研究讨论中。正像西安市一样，"新"和"老"、"古"和"今"，在洛阳市也一定会结合得十分好的。

龙门石窟，必须坚决地大力地加以保护。有三个大问题，必须尽快地予以解决。1. 龙门煤厂，在西山区石窟附近开采，必须立即制止。绝对地要防护龙门石窟的安全和完整。这事，市委会已经注意到，并筹划到了。2. 龙门石窟的洞前大车路，要予以改道。否则，各洞里常会有人在内住憩，很难防止其不被破坏或污损。这条改道的大车路，也已在计划中。河水常常要漫涨到这条大车路和下层的石洞里去，危害甚大，应该乘此修路的时机，于河边加筑石坝。3. 各洞窟之间，应该开凿道路互相通连。山上并要建筑石墙，以堵住山洪、雨水的流下：

奉先寺尤需急速修整，以防大佛像的继续风裂。这些，都需要有关部门共同加紧进行的。东西山区仅靠草桥交通，也是很不方便的。已毁了的桥梁，应该早日修复。

1957 年 2 月

17. 从清华园到宣化

● 郑振铎

别后，坐载重汽车向清华园车站出发。沿途道路太坏，颠簸得心跳身痛。因为坐得高，绿榆树枝，时时扑面打来，一不小心，不低头，便会被打得痛极。8时12分，上平绥车，向西走，"渐入佳境"。左边是平原，麦田花畦，色彩方整若图案。右边，大山峙立，峰尖巉巉若齿，色极青翠。白云环绕半山，益增幻趣。绝似大幅工笔的青绿山水图。天阴，欲雨未雨。道旁大石巨崖棋布罗立，而小树散缀于岩间，益显其细弱可怜。沿途马缨花树最多，树尖即在车窗之下，绿衣红饰，楚楚有致。9时半，到南口。车停得很久。下去买了一筐桃子，总有一百多个，价仅二角，味极甜美。果贩们抢着叫卖，以脱手卖出为幸，据说获利极少。过南口，车即上山。溪水清冽，铮淙有声。过了几个山洞，山势险峻甚。在青龙桥站停了一会，又过山洞，经八达岭下，即入大平原，俨然换一天地。山势平衍若土阜，绿得可爱。长城如在车下。回顾八达岭一带，则山皆壁立，峻削不可攀援。长城蜿蜒卧于山顶，雉堞相望。山下则堡垒形的烽火台连绵不断。昔日的国防，是这样的设备得周密，今已一无所用了。长城一线已不能阻限敌人们铁骑的蹂躏了！

11 时 45 分到康庄。这是一个很大的车站，待运的货物堆积得极多。有许多山羊，装在牲畜车上，当是从西边运来的。12 时 25 分，过怀来，山势又险峻起来。山色黄绿相间，斑斓若虎皮纹，白云若断若连的懒散地拥抱于山腰。太阳光从云隙中射下，一缕一缕的，映照山上，益显得色彩的幻变不居。

下午 1 时余，到土木堡。此地即明英宗被也先所俘处，侍臣及兵士们死难者极多。闻有大墓一，今已不知所在。有显忠祠一，祀死难诸臣的，今尚在堡内。我们下车，预备在此处停留数小时。堡离车站数里，在田垄间走着。进沛津门，即入堡。房屋构造，道路情形，已和"关内"不同。大街极窄小，满是泥泞，不堪下足，除小毛驴外，似无其他代步物。街下有"岁进士"和"选元"的匾额，初不知所指，后读题字，始知前者为"岁贡生"，后者为"选拔贡生"。商店很少，有所谓"孟尝君子之店"者，即为旅馆。门上又悬"好大豆腐"的招记，后又数见此招记。似居民食物主要品即为豆腐。到显忠祠，房屋破败不堪，明碑也鲜存者。此祠立于景泰间，至万历时焚于火，清初又毁于兵。康熙五十六年（1717）雷有乾等重建之。嘉庆间又加重修。祠后，辟屋铜文昌帝君，壁上画天聋、地哑像，乔模作态，幽默可喜。3 时半，回到车站，4 时又上车西去。6 时 20 分到下花园车站。这个地方，辽代的遗迹颇多，惜未及下车。鸡鸣山远峙于左，洋河浊浪滔滔，车即沿河而走。右有一峰孤耸，若废垒，四无依傍，拔地数十丈，色若焦煤，是一奇景。一路上都是稻田，大有江南的风光。6 时 55 分到辛庄子，溯河而上，洋河之水，势极湍急，奔流而下，潺潺之声满耳。堤岸皆方石所筑，极齐整，间亦有已被冲刷坏了的。对山一带，自山腰以下，皆是黄色，风力吹积之痕迹，宛然可见。漠外的沙碛，第一次睹得一斑。山色本来是绿的，为了黄沙的烘托，觉得幽暗，更显出暗绿。柳树极多，极目皆是。

7时40分到宣化。车停在车站，拟即在此过夜。城外有兵士甚多，正在筑土堡，据说是在盖建营房。夜间，风很大，虎虎有声，不像是夏天。

8日，清晨即起身。遥望山腰，白云绵绵不绝，有若衣带环束者，有若炊烟上升者。半山黄沙，看得更清楚。7时半，坐人力车进城。入昌平门，门两旁有烧砖砌成之金刚神。城门上钉的是钟形之铁钉，极别致。城墙上有一石刻小孩做向下放便势，下有一猴，头顶一盘承之。据车夫说，从前每逢天将雨，盘上便有水渍。今已没有这效验了。穿城而过，出北门。北门的城楼，即有名之威远楼，明代所建，今尚未全颓。正对此楼，为镇虏台，台高四丈，远望极雄壮。旁有一小阜，名药王阁。我们走上去，无一人，屋内皆停棺木。狗吠声极凶猛。一老太婆在最高处出而问客。语声不可懂。她骨瘦如柴，说一声话，便要咳嗽几声。明白的是肺痨病已到不可救药的地步，真所谓"与鬼为邻"的了。我心头上觉得有物梗塞，非常难过，便离开了她，向镇虏台走来。台下为龙王殿，台上有匾曰"眺远"。此台为嘉靖甲寅（1554）所建，登之，可眺望全城。有明代碑记，凡"镇虏台"之"虏"字，皆已被铲去，殆是清代驻防军人所为。台下山旁，有洞穴二，初不知为何物，人其中，可容人坐立。车夫云："为一山西客民所居，今已弃之而去。"这是我第一次见到的穴居。

过镇虏台，便望见恒山寺（一名北岳庙）。寺占一山巅，须过一小河始可达。山径已湮没，无路可上。行于乱石细草之间，尚不难走。前殿为安天殿，后殿为子孙娘娘庙。有顺治十年（1653）及乾隆甲午（1774）二碑。山石皆铁色。对河即为龙烟铁矿办事处。本有铁路支线一，因此矿停工，路亦被拆去。此矿规模极大，炼矿砂处，在北平之石景山。恒山寺下葡萄园极多，亦间有瓜田。平津一带所需之葡萄，皆由此处供给。又有天主堂的修道院一，建筑不久，式样似辅仁大学，当为同时所造的。院主为本国人吴君，在内修道者，有五六十人，都是从远方来的。

回到城内，游城中央的镇朔楼，本为鼓楼，大鼓尚存，今改为民众教育馆，办事精神很好，图书有《万有文库》等，尚不少。其北为清远楼，尚是旧形，原为钟楼，崇阁三层，为明成化间御史秦纮所造，因上楼之门被锁上了，未能上去。清远楼正居城的中央，楼下通自衡四达，似峨（格）特式的建筑，全是圆拱式的。

甘霖桥东有朝玄观（亦作朝天观），有宣德九年（1434）杨荣撰及正统三年（1438）吴大节撰的碑记。楼阁虽已破败，而宏伟的规模犹在。

次到介春园（今名玉家花园），园本清初王毅洲（墨庄）的藏书处，乾隆间为李氏所得。道光十年（1830），始为守备王焕功所得，大加经营，为一邑名胜。鱼池花木，幽雅宜人，今也已衰败，半沦为葡萄园，闻年可出葡萄八千斤。园亭的建筑大有日本风（味），小巧玲珑。春时芍药极盛，今仅存数株耳。大树不少，正有两株绝大的，被斫伐去，斥卖给贾人。工匠叮叮的在挖掘树根。不禁有重读柴霍夫《樱桃园》剧之感。

次到弥陀寺。朝玄观的道士云："先有弥陀，后有宣化，不可不看。"但此寺今已改为第二师范，仅存明代的铜钟及大铜佛各一。其实，弥陀寺乃始建于元中书右丞相安童，元、清皆曾重修。今碑文皆不见。铜佛高一丈八尺五寸，重四千余斤，为明宣德十四年（1439）九月十五日比丘性呆真源募缘建造。校园中，有大葡萄树数株，远者已有六十余年。

次去参观一清真寺，脱鞋入殿。此地教徒约五千人，甚占势力。

宣化本为李克用的沙陀国城，余址今尚可辨，又有镇国府，为明武宗的行在，曾辇豹房珍宝及妇女实其中，称曰"家里"，今为女子师范学校。惜因时促，均未及游。

宣化城内用水，皆依靠洋河，全城皆有小沟渠，引水入城，饮用，洗濯，及灌溉葡萄园皆用此水。人工河道，规模之小，似当以此处为最。

18. 从丰镇到平地泉

● 郑振铎

16 日，5 时起身遇见老同学郑秉璋君，在此地为站长。他昨夜恰轮着夜班，彻夜未睡，然今天 9 时左右，仍陪着我们，出去游览。丰镇无甚名胜，歧王山的闹鸡台及长城的得胜口因离站太远，未去游。此地连人力车都没有。步行过镇，沿途所见，与大同完全不同。大同是一个很热闹的城市，古代文化的遗迹又多，很可以流连忘返，这里却一点令人可游的地方都没有。目的是走向镇的东北隅的灵岩寺，几乎是穿过全镇。过平康里，为妓女集居之处。文庙已改成民众教育馆，但大殿仍保存，柱下的础石，做虎头状，很别致。又过城隍庙，庙前高柱林立，柱顶多饰以花形，不知做何用。在张家口大境门外的一庙，仅见二柱，初以为系旗杆，这里却多至数十，殆为信心的男女们所许愿树立者钦？

庙前广场上，百货陈列，最触目惊心者为鸦片烟灯枪，及盛烟育之膏，大批的在发售。几乎无摊无此物，粮食摊子反倒相形见绌。同行者有购烟灯归来做纪念的，但我不愿意见到它，心里有什么在刺痛！

沿途，烟铺甚多，有专售烟膏的，也有附带吃烟室的，茶食铺兼营此业者不少。旅馆之中，更不用说了。我们走进一家小茶食店，他们的门前也挂着竹篾做的笊篱式的东西作为标识，上贴写着"净水清烟"、"君子自重"的红字条。店伙们正在烟榻旁做麻花，一个顾客则躺榻上洋洋自得的在吞吐烟霞，旁若无人，此人不过三十岁左右。"你们自己也吃烟么？"我问一个店伙道。

"不，不，我们哪里吃得起。"

又走过一家出售烟膏的大店，店前贴着大红纸条，写道"新收乳膏上市"。

"新烟卖多少钱一两呢？"

"大约二毛钱一钱。"店伙道。他取出许多红绿透明洋纸包的烟膏道："一包是二十枚，够抽一次的。"

我们才知道穷人们吃烟是不能论两计钱的，只有零星的买一包吃一顿的。

过市梢头，渐渐现出荒凉气象。远见山上有一庙独占一峰顶，势甚壮，我们知道即灵岩寺了。

灵岩寺从山麓到山顶凡九十九级，依山筑寺，眺望得很远。庙的下层为牛工庙，供的是马王、牛王。只是泥塑的牛马木形而已。这天恰是忠义社（毡毡业的同业会社）借此开会祭神，正中供一临时牌位是：

供奉毡毡古佛神位

众人来得很热闹。最上一层，有小屋数间，屋门被锁上，写的是"大仙祠"。从张家口以西，几乎无地无此祠。祠中供的总是一老一少的穿着清代袍褂的人物，且讳言狐狸，其信仰在民间是极强固的。

在最高处远望，为山所阻，市集是看不见的，仅见远山起伏，皆若培蝼，不高，也不秀峭。秉璋指道："前面是薛刚山，传说，薛刚逃难时，尝避追兵于此山。"此山也是四无依傍的土阜。中隔一河，因有曹福祠过河的经验，故不欲往游。

"听说，这一带罂粟花极盛，都在什么地方呢？"我们问道。

"那一片白色的不是么？"

远望一片白花，若白毡毯似的一方方的铺在地上，都是烟田。

这时正是开始收割的时候。

"车站附近也有。"

下午，午睡得很久。5时许，天气很凉快，我们都去看罂粟花及收烟的情形。离站南里余，即到处都是烟田，有粉红色的，有大红色的，有红中带白的，唯以白色者为最多，故远望都成白色。花极美丽，结实累累，形若无花果。收烟者执一小刀、一小筒，小刀为特制的，在每一实上，割了一道。过了一会，实上便有乳白色的膏液流出。收烟者以手指刮下，抹入筒口，这便是烟膏了。每一果实，可割三四次以上。农人们工作得很忙。

"你们自己吃烟么？"我们又以这个问题问之。

"我们那里吃得起！"

看他们的脸色，很壮健，确乎不像是吃烟的。其中大部分都是短工，从远地赶着这收烟时节来做工的。

夜里，车开到平地泉。

17日，7时起床。在车站上，知道前几天的大雨，已把卓资山以西的铁路都冲坏了，正在修理，不能去。绥远主席傅作义的专车，也已在此地等候了好几天。冲坏的地方很多。听说，少则五日，久则半月，始可修复。我们觉得在车上老等着是无益的，所以想逛完平地泉便先回家。这封信到了家时，人也许已经跟着到了。

9时，傅作义君来谈，因同人中，有几位是曾经有人介绍给他的。当路局方面打电报托他照料时，他曾经来电欢迎过。他是一个头脑很清楚的军人，以守涿州的一役知名，很想做一点事。其田问他关于烟税的问题，有过很公开的谈话。他说："绥远省的军政费，收支略可相抵，快用不到烟税。烟税所入，年约一百万元，都用在建设及整理金融方面。现在绥远金融已无问题，皆由烟税方面收入的款去整顿。所以烟税的废除，在省府是没有多大问题的。只要中央下令禁止，便可奉命照办。唯中央现在已有了三年禁绝之令，现正设法，从禁吸下手，逐渐肃清。如不禁吸，则此地不种，他省的烟土必乘隙而入，绥晋的金融必大感困难。"这话也许有一部分的理由。听说绥远的种烟，也是晋绥经济统制政策之一。绥晋二省吸烟的极多，如不自种自给，结果是很危险的。同时，白面、红丸之毒最甚，不得已而求其次，吃鸦片的还是"两害相权取其轻"的一法。山西某氏有"鸦片救国论"的宣布，大约其立论的根据便在于此。但饮鸩止渴，绝非谋国者的正当手段，剜肉补疮，更是狂人的举动。不必求其代替物，只应谋根本禁绝之道。但这是整个中国的大问题。

2 时许，游老鸦嘴（一名老虎山），山势极平衍。青草如毡，履之柔软无声。有方广数丈的岩石，突出一隅，即所谓老鸦嘴也。岩上有一小庙，一乞丐住于中。登峰顶四望，平野如砥，一目无垠，一阵风过，麦浪起伏不定，大似一舟漂泊大海中所见的景象。

平地泉的名称，确是名副其实。塞外风光，至此已见一斑。天上鸦鸽轻飞，微云黏天，凉风徐来，太阳暖而无威，山坡上牛羊数匹，恬然的在吃草。一个牧人，骑在无鞍马上，在坡下放马奔跑，驰骤往来，无不如意。马尾和骑士的衣衫，皆向后拂拂吹动，是一幅绝好的平原试马图。我为之神往者久之。山上掘有战壕及炮座，延绵得很长，闻为晋军去年防冯时所掘。

冯玉祥曾在此驻军过，今日平地泉的许多马路，还是冯军遗留下的德政。但街道上苍蝇极多，成群的在人前飞舞。听说，从前此地本来无蝇。冯军来后，马匹过多，蝇也繁殖起来。

　　路过一打蛋厂，入内参观，规模颇大。有女工数十人，正在破蛋，分离蛋黄、蛋白。蛋黄蒸成粉状，蛋白则制成微黄色的结晶片。仅此一厂，闻每日可打蛋三万个，每年可获利三四万元。车站上正停着装满了制成的蛋的一车，要由天津运到海外去。惜厂中设备，尚未臻完美。如对空气、日光等设备完全，再安上了纱窗纱门，则成效一定可以更好的。

　　傍晚，在离车站不远的怀远门外散步。"日之夕矣，牛羊下来"，这诗句正描写着此时此地的景象。牛群、羊群过去了，又有一大群的马匹，被赶入城内。太阳刚要西沉，人影长长的被映在地上。天边的云，拥挤在地平线上，由金黄色而紫、而青、而灰，幻变无穷。原野上是无垠的平，晚风是那样的柔和。车辙痕划在草原上，像几条黑影躺在那里。这是西行以来最愉快的一个黄昏。古人所谓"心旷神怡"之境，今已领略到了。拟于夜间归平，我们后天便可见面了。

7 月 17 日

19. 归绥的四"召"

● 郑振铎

　　这次是直接挂车到绥远的，中途并不停顿。所要游览的鸡鸣山及居庸关，都只好待之归来的时候了。8 日 8 时许由清华园开车。9 日 10 时 10 分到绥远省城。沿途无可述者。唯经过白塔车站时，可望见白塔巍然屹立。此塔为辽金时所建，中藏《华严经》万卷，清初尚可登览。张鹏翮《漠北日记》云："七级，高二十丈，莲花为台砌，人物斗拱，较天宁寺塔更巍然。内藏篆书《华严经》万卷，拾级而上，可以登顶。嵌金世宗时阅经人姓名，俱汉字。"今则塔已颓败，不可登。《华严经》殆也已散失，无存的了。

正午，到城南古丰轩吃饭，闻此轩已历时二百余年，有烙甜馅饼的大铁锅，重至八百余斤。下午，将行装搬下车，到绥远公医院暂住。傅作义氏来谈得很久，他就住在邻宅。

10日，上午8时，乘汽车到城内各召游览。

锡拉图召（一作舍利图召）在城南，为绥远城内最整洁的一庙。听说，财产最多，尚可养活不少喇嘛，故不现出颓败的样子。还有一座庙，在召河附近，是这里的大喇嘛夏天的避暑所在。此召，寺额名延寿寺。大殿分前后二部。前部完全是西藏式的"经堂"，为喇嘛们学经的地方，柱八，皆方形，朱红色，又有围楼。堂的正中，有大座椅，是活佛讲经处。今日尚有破碎的哈达不少方抛在那里。三壁都画着壁画，除特殊的藏佛数像外，余皆和内地的壁画不殊，大体皆画释迦佛的生平。

后部是"佛堂"，供着五尊佛，三壁都是藏经的高柜。

殿后，有楼，似为从前藏经的地方。但现在是空着，正中供观音，东边供关羽。

我问看庙的人说，这庙什么时候造的？说是明朝。

我也很疑心是明代的古庙。"经堂"的一部却是后来添造的，它和后半部的建筑是那样的不调和。

我第一次见到这种式样的汉藏合璧的建筑。

10时，到小召，即崇福寺，蒙名巴甲召，"巴甲"就是"小"的意思，规模很宏伟，并不小。清圣祖西征时，曾驻跸在此"召"，今有纪功碑在着。

碑云：城南旧有古刹，喇嘛拖音葺而新之，奏请寺额，因赐名崇福寺。"经堂"及佛殿的结构，和锡拉图召相同。此"召"原由古刹改造，可证实我的"经堂"为后来新增的一说。

经堂的柱，圆形，亦作朱红色，亦有楼围绕之。

寺甚颓败。盖布施日少，喇嘛不能生活，都去而他之。

寺内藏有圣祖的甲胄一副，也是他西征时留置在寺里的。

寺门口有小学校一所，额悬"归绥县第二代用小学校"，书声朗朗。

我们进去参观，教师不在校，学生数十人，所读皆《百家姓》、《三字经》、《四书》、《左传》等老书。但墙上贴着他们的窗课，除了五七言诗之外，大体都是应用的文字，像"家书"、"合同"等等。这当是很有用处的练习。这些"私塾"，其作用大约全在于此。正是应了小市民的这个需要而存在着的。

次到五塔召，即慈灯寺，在小召东南，颓败更甚。管召者为鸦片瘾极大的人，慢吞吞走来开门。大殿无甚可观。一般人所要参观的，都是那所谓五塔的。塔基，围十丈。上有五塔，皆建以炼砖，花纹雕刻极纤美。我们由黑漆漆的洞中，走了上去。可望见后街的平康里。砖上尚附有金彩，但大部分则均已剥落。寺建于雍正五年（1727），故亦名"新寺"。

次到大召，额题"古无量寺"，周围占地四亩余，门口又悬"九边第一泉"额。泉在寺前百余步，今名玉泉井。寺的收入极少，故将前殿租了商贩，辟作共和市场。大类北平的隆福寺、苏州的玄妙观。

大殿里的菩萨立像，都是细腰的，甚类大同的辽代之作，但身材太直、太板，没有下华严寺的菩萨像美丽，其制作或在元明间吧。大佛像后，有铜制的小喜欢佛一尊，视为神秘，须执灯去看。像为狞恶的喜欢佛，足踏一牛，牛下则为一女。

这所庙宇，"经堂"和佛殿的不融合的痕迹，分得最清楚，"经堂"极显明的，可见出其为后建的。佛殿的前檐，有一半是成了"经堂"的屋顶，被挤塞在那里，怪不调和的。后面的楼阁，也出租于商人们。一灯荧然，有人正在那里吃鸦片烟。

这时，已经12时多了，赶快地上了汽车，赴阎伟氏的召宴。

下午3时，到民政厅，观西太后出生处。今有亭，名懿览。四国花木甚多，较政府为胜。

次到第一师范。观公主府，府虽改为学校，遗物及匾额有存者。康熙写的，有"静宜堂"一额；公主自写的，有"静定长春"一额。西边有一小屋，中尚存公主的神牌，上书"公主千岁千千岁"，及佛幡、佛经等。闻佛经即为公主生时所诵念的。公主为圣祖的姑母，康熙间，下嫁给额驸策伦敦笃。土人称她为黑蚌公主，关于她的传说很多。她的后人尚多，到现在，每年还派人来祭供一次。

归时，灯火已零星的闪耀着。

睡得很早，明天一早，便要动身到百灵庙。

8月10日

20. 包头

● 郑振铎

17日晨5时起床，6时半到绥远车站，预备向包头走。因二次车迟到的缘故，等到8时半方才开车。车沿大青山脉而走。山色黑绿斑斓若虎皮纹，太阳照射其上格外的现出复杂的色彩，和康庄附近的山色正相同。远远的望见浊流一线，和田野的积水之清莹白清者正相映照。这浊流便是黄河。到蹬口，可望见民生渠。12时，到包头，周站长及七十师派来招待的参谋吴泽君都到车上来谈，吴君极有风趣，好说笑话。1时半坐车到城内新生活改进社，找段承泽君。段君为此地实业界的巨子，他主持电灯面粉公司，能用新的方法，垦辟荒地至数百顷。他购地时每亩价仅四角，今已值价至数十倍。他试验种水稻，两年以来，已有成绩，但决不种烟（种烟出息最好）。惜他不在家，遂到东门外转龙藏去，这寺是此地的一个很好的风景，占住了一个小山顶。水泉由寺中流出，全城饮水，半赖于此。由长工而成佃户，由佃户而成自耕农，要做到由自养到自卫，由自卫到自治的思想。自养的计划是自耕而食，自织而衣；自卫的计划是寓兵于农，变兵为农。

最高的理想，则要实现"耕者有其田"的主张；并本节制资本的主张，田产不许买卖及抵押。现在正在进行的是"农牧林工商"业的自给。有百货商店，性质略同于合作社。这实是"世外桃源"的新村，任君他自己也颇怀疑能否独在"浊世"中存在。但他相信，社会主义国家的苏俄，既能做到自养自给的地位，则新村似也可以办到不受外来影响的地位。新村运动像为无政府主义者的同志的组合，今此新村却带些官办性质，至少和当地政府是合作的。其主张很值得讨论，却也不妨有此一种试验。9时半回到火车上，倦甚，即睡。

18日，5时半即醒。天空半为淡云所蔽，日影微露，大有雨意。6时三刻，坐汽车出发到五当召。途中很不好走，沙地过软，车轮易陷于其中。雨点已落，由小而大渐沥不已，大有江南春天的气候。到了一个山峡中，车路已坏，不易走上，停了好久。我到瓜田中散步了一会，仍无办法，只好归来，打消了到五当召去的计划。因倦甚，一倒头便睡到正午。明日拟游民生渠、麦达召等处。

到包头后，给过你一封信，想必已经收到了。这两天在包头，这一无文化、古迹的所在，觉得很气闷。包头城很大，依山筑城为西北三大镇之一，后升为县。冯玉祥驻军于此的时代，很有建设的计划，他想更建一外城区，分商业区、住宅区、农业区等等。外城筑不及半，他便失败了，今尚存废基。包头为西路商业中心，水路交通有黄河可通宁夏，陆路则由五原、临河可达青海等地，实西陵一要地。今商业尚发达，铁路运费，每年可得八十余万到一百余万元。虽历经冯孙军事及十八年的大旱灾，损失极大，但这几年来，休养生息之后，已渐渐地恢复元气了。东南各地实业家，有志投业于此者，也大有人在。吴泽君来，谈及此地的风土人情，他觉得鸦片烟是一大患，男女也为了吃烟而往往流入为娼为盗之途。十八年旱灾时，绥远妇女们被卖到山西、河北一带者近二十七万人左右。山西商人在此，以百元可得一妻并附带的有一子一女，立刻能够成一家庭。

19日，7时起，天色阴沉沉的，像要下雨。精神很不好，也像天色似的，阴沉沉的。因为出来了已经十几天，所收获的实在不多。本想到五原，因坐汽车需走一天，太远，且道路多有被雨水冲坏的，只好放弃了那计划，急想回家，但也不能走。不久，天又下起牛毛细雨来，活像江南的清明时节。连日吃得过多，泻了几次。雨停时，到段氏所办的河北新村去。新村尚未着手，正在招集河北灾民，到这里来移垦。村南，靠近一海子，段君招集几个朝鲜农人在试验种水稻。如果成功，那影响是很大的。

中途遇见一大群的驴子，那也是很罕见的。

将近新村时汽车停住了，泥湿轮滑，无论怎样都开不动，只好步行而往。村中荒地尚多，未尽开辟。水稻固堤低，去年即为水所湮没，收成未及十五，今年情形略好，但也仍在试验中，没有确定的成功的希望。但此村，地势实在好。海子近在咫尺，取水极为方便，灌溉之利，是不成问题的。段君说，当他购地时，每亩仅给洋四角，因系咸地，无人肯要。这几年经他经营之后，农人们肯出七八元的租钱向他租来种鸦片。他不欲种烟，故不曾租出。

次到南海子。汽车也在途中陷于泥中，不得已而折回。

下午3时，挂车到磴口，拟参观民生渠。下车时遇见徐川君，他是从前复旦的学生，现在渠口黄河水利委员会做工程师，他说大道已被水所湮没，但他今早另发现了一条小路可走，他领了我们走，不久便到渠口。黄河的水，很平稳地在流着，一道小河，正阻在我们之前。那道清流奔入黄河，在这里激成几圈漩涡。我们在漩涡之前下了船，渡过对岸，便是民生渠的渠口了。此渠落成时，宣传得厉害，但到今日尚未收灌溉之利。当时勇于救灾民，以工代账，草草落成，设计很有疏忽处，但并不是完全无用。经整理后，仍可成为一道很好的渠道。渠口用铁闸闭住，河水今不能入。渠底长出疏疏的几株红蓼花，临风摇曳着。附近即为黄河水利委员会的办公处，专为测量黄河水量及含沙量的，徐君即主其事。他怕土匪，不敢住在屋内。他说，冬天，河冻时，河西大批土匪即过河劫掠，无物不取。会中看守人，曾有数人被抛入黄河。有一人则被掳过数次。割烟季节，土匪绝迹，皆去做工去了。但这季节一过，他们又猖獗起来，目的是在抢烟，也无法剿除他们。他们并不以匪为业，他们是农民，只是穷不聊生而如此，连几角钱也是要的。兵来则是良民，兵去则为匪。无法可防，怪不得车站上是城堞式的建筑。他本住在磴口镇上，因镇上驻兵，他只得搬到车站来住。他的太太是北平工学院的毕业生，现在也在这里。这种不避艰难的工作，我们的大学生们是开始"身临其境"了。他仍陪送我们上车站。石磴站是不能过夜的，故依然要开回包头。过渡时，遇见渔船一只，载了两束莜麦。据说，把莜麦沉到黄河底鲤鱼便来吃，渔人把那束莜麦提了起来，鲤鱼也便随之而上钩了。此地鲤鱼价极廉，鲫鱼几乎无人吃。

6时半回到包头。

20日上午6时其田等到南海子去调查，我没有去。此地已是过去的黄河埠头了，今已移至离铁路线较近的二里半及王大汉营子。

11时半，开车到公积坂，参观天主教的村落八达盖村。我因倦，仍未同去。天色仍是灰色。不久，又落下牛毛雨来。他们坐了骡车去，下午5时回。据说，居民共千余人，自卫能力很好。有自营电灯厂及无线电台，男皆健壮有业，女皆天足，在村外住者便都是缠足的女子了。村中有幼稚园，有男女学校，主持者为比利时的牧师夫妇。为什么这种奇特的"宗教社会"会在西北一带存在呢？为什么农人们住在那圈子里的会比较的有生气呢？为什么村外的人见了，并不羡慕而要求加入呢？这其间，必有很重要的秘密在着，非实地加以深切的调查不可，读教会的报告是不足信的。下午5时33分，由公积坂开车赴麦达召，拟定明日游麦达召。

在麦达召过夜，警卫得很严密，以防万一。本想在隆县住下，因水大，要看的地方都不能通，故便放弃了。

这是西行的最后的一封信了，因为明天游麦达召后，便返回北平，我们不久便可相见。

最后，还要说几句忘了说的话：赴磴口时，沿途风景极好，北面是大青山，天然的一面大屏障。南边是黄河，一条柔带似的，随了我们走。中间是麦田，虽涨满了水，收成还不至无望，路上有许多背了包袱的农民们在走着。他们都是赶到西头去做短工的，连几毛钱的车费也没有，只好步行而去。那耐苦求食的精神，足以表现出真正的中国人的本色。立在黄河岸边，望见大青山的山腰，有屋宇很多，徐君遥指道："那便是沙尔沁召。"

"关于这召有一段神话呢。"他又道，"从前，不知在什么时候，当汉蒙争疆的时候，约定以一箭所到的地方为二族的交界处。说是一个汉人，一射直射到这个地方。所以大青山便成两族的分界，而沙尔沁召便是建筑起来纪念这一箭所射到的那个地方的。"

8 月 20 日

21. 郑州，殷的故城

● 郑振铎

——考古游记之三

郑州是一个四通八达的交通要道，也是河南省的政治中心。自从河南省人民委员会由开封迁移到郑州以后，这个又古老、又先进的城市就开始大兴土木。在处处破土动工的当儿，发现了不少古文化遗址和古墓葬，特别是以殷代的遗存物为最多。二里岗是新建筑的重点地区，建筑任务，急如星火。曾在那里发现一片有字的牛骨，接着又发现了殷代的烧瓦器的窑址，炼铜和制造青铜器的工场，接着又发现了殷代的制造骨器的工场。二里岗这个默默无闻的地方，顿时变得举世皆知。当时我们曾使用了一部分专家的力量，到那里从事发掘工作。但随着发掘工作的进行，建筑工程也随着在填土砌墙。没能坚决地把那些在学术研究上有重要价值的殷代遗址保存下来，只是把现场情况做了模型，并把遗存物全部取了出来而已。这是科学界的一个绝大损失！至于发现的殷代的大批墓葬，则更是随着这个城市的建设的发展，而即时发掘，即时填坑。

过了不久，更重要的消息来了，说是发现了殷代的城墙。这个远古的城墙遗址是相当于《荷马史诗》所歌咏的特洛伊古城的，是相当于古印度的摩亨杰达罗遗址的。在中国，恐怕是一座最古老的城墙的遗存了。是这个大消息，引动我到郑州去。

3月30日上午，从洛阳到了郑州。下午，就偕同陈建中同志等，到白家庄看那个殷代的城墙。这座城墙曾被白家庄作为寨墙的一部分，原来展开得很远，乃是一个可测知的三千多年前的大城市。但后来经过取土或拆毁，现在只保存着几十丈长的两段。就在那么一眼所及的古城址上，看到了那夯土堆砌得层次分明的城墙，每个夯眼（即打夯时的遗痕）都十分的明显。有一个特点，那夯眼很小，比起西安汉城的夯眼来，显得小得多了，可肯定的是属于更早的时代的遗迹。城墙之上，有若干殷代的墓葬，打穿了城头，可见这城墙乃是殷代的，甚至是更早期的。在那个遗址里，古代陶片俯拾皆是。龙山期的陶片也出土得不少，曾经出土过属于龙山期的一个瓦鬲，陶质薄而精致，有柄，有流。在殷代遗址里，也发现过同类型的陶器。这个遗址的时代问题，值得更加仔细的探索，但至晚是属于殷代的遗存，那是没有疑问的。

我们在这座古老的城墙的四周走着，又走上这座古城的城头。太阳光很大，但并不猛烈，天气很令人觉得愉快。时时俯下身去，捡拾些破碎的古陶片。我们决定：这一部分的城墙，绝对不能允许有任何的破坏了，应该立即设法，积极地、周到地保护起来。

为什么郑州这个地方会有那么重要的殷代的文化遗址和大批殷代墓葬呢？在古书上没有提到过这个地方是殷代的故城。只知道郑州是管城故城，周初管叔封于此。《史记·殷本纪》说，周武王灭殷后，封纣"子武庚禄父以续殷祀把"。"周武王崩，武庚与管叔、蔡叔作乱。成王命周公诛之，而立微子于宋以续殷后焉。"同书《周本纪》也说，武王"封商纣子禄父殷之余民。武王为殷初定未集，乃使其弟管叔鲜、蔡叔度相禄父治殷"。又说："管叔、蔡叔群弟疑周公，与武庚作乱畔周。周公奉成王命，伐诛武庚、管叔，放蔡叔。以微子开代殷后，国于宋。"当时周武王封管叔、蔡叔时，一定是就殷故地封之的，故有"相禄父治殷"之语。今郑州既为管城故城，也就是管叔"相禄父治殷"之地，可见郑州乃是当时很重要的一个殷城。我们在郑州发现了许多殷代的文化遗存，是不足怪的。

接着到郑州文物清理队，看他们的陈列室和仓库。他们在短短的清理工作时间里，就获得了很大的成绩，不仅殷代的墓葬，战国到唐宋的墓葬也发掘、清理了不少。在他们的院子里，就堆存了不少大的空心墓砖，有的是从战国墓里得到的。砖上的图案，以几何文的为最多，但也有人物图像和建筑图样的。

最重要的是殷代的种种遗存物。殷代的冶钢设备和遗址的模型，使我们看了亦感到把这么重要的殷代冶铜工场毁坏了，实在是一件莫大的憾事。制骨器的工场，也只是存留了些骨器的原料和半成品而已。骨器的原料，分为人骨、鹿骨、牛骨，各放一处，不相掺杂，且也已把可用的材料拣选齐整。像这样的大作坊，如果不是属于一座大城市，便不可能存在的。还见到一只殷代陶虎，也是极不多见的。在殷城附近，曾掘出了殉葬的犬坑九个，每坑里，少者有犬十余只，多者有犬三四十只，可能有大墓在其附近。一只犬架上还附着金片若干，这是唯一的可见的犬身上的饰物。用犬做殉葬的墓葬，在安阳也有发现。可见这是殷代的风俗之一。

在清理队附近有一座宋代墓葬，遗存物已空，而墓的建筑却还保存得很好，可作为宋墓建筑的标本。在这一带地区，也有殷代的文化遗址。不能再听任破坏下去了，要坚决地予以保护，不可一掘就算了事。

31 日上午*9*时，冒着蒙蒙细雨，到铭功路工地看刚发掘、清理出来的几个殷代墓葬。就在大路之旁，就在立将填坑平土、进行建筑的工区。一个是孩子的墓，一个是成人的墓，二墓的人架均在，成人的骷髅头旁，还放着一只碧玉簪。有两个墓已经清理完毕，遗存物和人

架都已取出。在一个墓里得到过青铜器，墓的下面发现有殉葬的犬架。这里也发现过殷代人民的居住区，还有窑址，但全都在急急忙忙的配合基建的工程给"平整"掉了。那个地区将建筑一所中学，为了下一代的教育而毁坏掉可以作为下一代教育的具体生动的历史、文化资料，这是合理的么？至于为了建筑一所饭店、一个招待所、一座办公大楼，甚至为了盖某一个机构的厨房，而大量毁坏了殷代文化遗址、居住遗址，乃至极为珍贵的殷代的制造骨器工场、冶铜工场，也岂是合理的么？不可能再在别的地方见到或得到的比较完整的殷代冶钢工场，制造骨器工场，如今是永远地消失无踪了！就在我们眼前，就在我们这一个时代，从地面上消失了去！这悲愤岂是言语所能形容的。我站在这个殷代的文化遗址上，心里感到辛辣，感到痛苦，眼眶边酸溜溜地像要落下泪来。只怪我们没有坚决地执行国家政策法令；只怪我们过于迁就那些过分强调不大重要的基建工程的重要性，而过分轻视或蔑视先民的文化遗存物的人的主张！所有造成这种不文明的毁坏，我们是至少要负一半以上的责任。为什么斗争性不强呢？为什么不执法如山呢？为什么不耐心用力，多做些教育说服工作呢？

有了这样的一场惨痛入骨的经验，遇事便不应该再那么糊涂地迁就下去了。

就在大道旁，有新建的一座人民公园，规模很大，这个地区也便是殷代文化遗址的一部分。据说是为了保护这遗址，建筑公园是再保险不过的，因为不进行基建，不盖房子，不大动土（即使动土，也不会很深），遗址当然会保存得住。但我一走进这所公园的大门，就知道有些不大对头，满不是那么一回事。有好些清理队工作人员，搭盖了田野工作时所用的几座篷帐，在那里紧张地工作着。此时，雨点大了起来，淅淅沥沥地有点像秋天的萧索之感。他们不能继续在工地上工作，都躲到篷帐里来。我们也在一座篷帐里休息着。

"有什么新发现的东西么？"陪伴着我们的赵君问道。

"又清理了几座殷代墓，出土了不少东西。"一个人指着堆在旁边的陶器等等说道。

我的心情就同天气般的阴暗。原来这个公园，动员了青年人，在挖一个青年湖。好大的一片湖，而清理队的工作人员们便不得不移到这里，配合挖湖工作的进行，而急急忙忙地在发掘、在清理着。所谓建了公园便会保护得好，便不会破坏的话，也便成了"托词"或"遁词"。

开元寺的遗址，现在成了郑州市医院的分院，我们看见在这个医院的院子里，还危立着两个经幢。一个是唐武宗会昌六年（846）所立的道教经幢，上面刻的是"度人经"。像这样的道教经幢，在全国是很少见的。会昌灭法，不知毁坏了多少佛教艺术的精英，却只留下了这个道教经幢，作为活生生的见证，可叹也！另有一座尊胜经幢，是后晋天福五年（940）所立的。这座经幢上所刻的飞天及其他浮雕，都很精彩。我们说："这两个经幢都很重要，要好好保护着。"医院里的人点点头。

晚上，和陈局长谈保护河南省和郑州市文物古迹，谈得很多，我们有信心和决心要做好这个保护工作。

郑州是有关古史研究的一个新的领域，我们必须更加仔细、更加谨慎小心地从事基建和考古发掘工作，不能再有任何粗率的破坏行为了！

1957 年 3 月

22. 张家口

◉ 郑振铎

由宣化到张家口，不过半小时；下午7时35分开车，8时便到。饭后，到日新池沐浴。临时买了一瓶消毒药水，店伙竟以为奇，不知如何用法。大街上很热闹，商店极多，虽比不上上海、天津，却有北平最热闹街道的气象。洋货铺及麻菇店最多；西路东路的麻菇，皆以此地为总汇。又有悬挂"批发"招记而无售卖何物之标识的，听说，都是批发"特货"的店铺。

9日，从睡梦中为喇叭声所惊醒。一队队的军士，肩负铁铲，唱着军歌，出去做工。这时，天色刚亮，红霞满天，仅5点多钟。从车窗里远望，山势蜿蜒，狼烟台依山势的高下布置着。虽然都已颓败，但还可看出古代军事家的有计划的国防布置。

8时，从车站到大境门。这门是通口外的大道，很重要。路过清水河，河上有桥名此为清水桥，工程甚大。过桥后，有名"西来顺"的一家商店，同行者指着道："这店便是批发'特货'的一家。"一看果然是没有任何标识，只有店名及"批发"二字。

又经下堡，即昨夜走过的商业区。下堡又名旧城，明宣德四年（1429）所建。

出大境门，沿西沟而至元宝山，此地为汉蒙交易处。"半里许有地名马桥，由6月6日到9月10日止，每晨卖马牛羊者，集于此桥。"（白眉初：《中国省区全志》第一册）商店皆用满、蒙、藏三种文字为店标。墙上又高标外国商店二家之名，一为英商西密得，专收皮革；一为德商德华洋行，做外蒙的买卖，规模极大，成为中蒙贸易的专利的公司。他们有长途汽车不少，往来于张家口、库伦间。每年获利极巨。闻去年即挣了纯利四百余万元。途中牛车百数十辆，连绵不断。山边有水泉流出，在沙地中流着，牛马皆就之而饮。泉水的发源地，在一所极小的小庙下的岩中。前望山岭，回环拥抱，仅此一线峡涧，为交通的孔道。峰回路转，气象万千。但此处为大车路，不通汽车，到库伦去的汽车，要经万全。

大境门上有"大好河山"四字，为高维嶽手笔。沿途稽查很严，每逢要摄影的地方，岗警必来要去名片并盘问几句。足见这地方在防守上地位的重要，实不能不这样防备的。

回车午餐，休息了一会，车上热度到华氏表九十八度。便坐车到公园，布置尚楚楚，动物笼中仅山兔及狼而已。次到赐儿山，山为张垣最有名的胜地，有汽车道，正在修理，可直达半山。山一名云泉山，上有云泉寺。寺为娘娘庙，顺治辛卯年（1651）重修，求子者多祷于此，故香火很盛。殿下有二洞，一曰冰洞，终年皆冰；一曰水洞，冬日不冻。但入而观之，则水洞当此夏季，当然有水；而冰洞则干涸见底，不仅无冰，也不见有水。娘娘殿两旁有忠义宫及袁公亭。忠义宫把关羽，袁公亭则祀清时粮厅袁某者。袁公亭最高爽，登览之顷，四山似皆在足下。整个张垣，历历可指。亭中，闻有某军官在避暑，阶上放着留声机一具；亭下小屋一间，贴着"小厨房"字样。

忠义宫中，满挂着仙佛的"照相"，阴影幢幢，鬼形可怖。闻民国十八、九年（1929—1930）间，扶乩之风最盛，此皆其所遗之痕迹。道人云："近来已衰落了。"但观其陈列之物很整齐、很新鲜，似还有人在开坛捣鬼。

园中有浊水一池，游人们多坐在池边纳凉，池中一无所有。公园四周，多树"格言画"牌，每牌画一个故事，表现"孝悌忠信，礼义廉耻"八个大字的训条。西北军的传统的老信念也。

次到地藏寺，一进门，开殿门的人便给我们一个警告："有汗的不要进去。"其实我们都已走得汗出。"为什么?""洞里头冷，怕着凉。"进洞，确是很冷，和外面温度至少相差十五度。原来此殿是就山洞而造的。骤由太阳的炎光中走到这洞里，觉得很爽快。没有人肯听警告者的话。殿里很黑暗，柱上都盘着龙，不是彩画的，是泥和木塑成的，张牙舞爪，形状可怕，这是我们第一次见到的这样的"龙柱"。旁有风神祠及仓神殿。仓神殿亦为扶乩之所，陈列的鬼影不少。风神祠惜因门锁闭，未得进去，不知风神果做何状。寺内有康熙、乾隆、嘉庆各时代的碑。一阵风来，天井中亭角的风铃当当作响，清脆可听。这声音，在南方似已不易听到了。

次到市圈，即所谓上堡（一名新堡）者是。堡修于明万历时，为对蒙交易之所。有万历四十四年（1616）汪道亨所作"新城来远堡题名记"，今尚存。殆为张垣最古的一碑。闻在中俄通商、库伦贸易未断之前，此处商业甚盛。还有医院一所，今则半成颓垣废瓦，空无居人，仅有军士数人看守耳。军士们作业甚勤，提筐倒土，执铲去泥，无役不作。即抬土时，亦开正步走。我们去时，正有兵士数人被罚跪丁道旁。堡上最高处为关岳庙，规模甚大，其戏台乃在市圈广场之一边。庙中有"合圣佛坛"，亦为扶乩的地方。

次到旧堡，亦有城，甚大。有玉皇阁，在城边上，就城为庙，可望见全部商业地及四山。道人遥指道："对山是宋主席新建的观音寺，还没有完工呢。"绿山之中，一大块的白茫茫的新斫的山岩，即为其地。

归时，往恰安市场，大似北平头发胡同的旧货市，不过所售者非旧物耳。

张垣风光，和东南及冀鲁都不相同。我们到处所见皆为新鲜的事物，几乎是带着好奇的心去考察。这里没有旧的文化，没有像大同那样的惊人的古迹，甚至没有像宣化那样漂亮的建筑和楼牌。这里始终是一个商业的中心，从明代到民国初元都是在这样的情形底下发展着，但现在却形势全非了！那地方的险要是什么人都知道的。西北几省的存亡，皆以此一要塞的保全与否为关键；甚至在远东的国际战争上，也是握着极重要的关键。目前的这样熙熙攘攘的景象，果能保持到几时呢？

车正从一所戏园边经过，悲壮凄凉的琴声正从园中透出。

23. 口泉镇

◉ 郑振铎

从云冈归来，天已将黑了，忙了半夜，才把那封信整理好寄上。说整理，因为在云冈的几夜，已经陆续的写了不少。否则，任怎样在半夜里也写不出那封长信来的。

今天仍然起得很早。7时半，同其田、颉刚他们到城内一家较好的浴堂里沐浴。数日的汗垢和带来的一身的千余年的古尘，才为之一清。

下午2时，由车站拨出一部小机车，拖带我们的车，还有几辆别的车，开到口泉站。说是去参观口泉煤矿。我不曾到这种"黑暗地狱"的矿窟去过，很想考察那生活是怎样的过下去的。

不料昨日下午的半小时的大雨，竟把进口泉站的一座桥冲断了，火车没法过去，只好下了车，步行过桥。桥的那一边，已经停好一列小火车在候着，便换车到了口泉。由站矿口，还要坐十几分钟的火车。

沿途煤块如山石般堆积在那里，个个工人脸上都是煤屑，罩上了一层黑色。还有好几列车的煤，停在站台边。一座洋房，很宽敞，便是晋北矿务公司。这公司商股不多，官股占四分之三以上。煤质极好，营业很发达。在公司里休息了一会，和工程师吕君及胡君谈得很久。他们二人都是天津北洋大学毕业的。胡君说，矿中工人，最多的时候有三千人。每天出煤量，最多时有两千吨。每天分三班工作；每班工作八小时，时间的分配是：1. 上午6时到下午2时为一班。2. 下午2时到晚10时为一班。3. 晚10时到第二天上午6时为一班。

现在共有两个矿场，在一个较小的在山中。较大的一场，每日出煤六七百吨；较小的一场，出煤一百吨。因为运输不能完全如意的关系，出产量不敢增加，销场因日煤竞争的关系，也稍受打击。现在和平绥路的联络，较前好得多，故煤块的运出，也较好。在这里，每吨价为二元五角；到了平津一带，加上运费等等，便非九元六角以上不可。

这公司成立于民国十八年（1929）。工人的工资，每天约为一角七分到二角六分。工头则每天为四角，大工头，每天约一元余。有的工人，不辞辛苦，竟有每天做两班的。换一句话，便是，每天要在矿内工作十六小时之多！但此地生活程度极低。山边土窟孔孔，皆工人自挖的住室；小米及莜面，每元可购四十八斤左右。住和食的问题，比较的还容易解决。

正在说话，外面哗哗的下了大雨，不到二十分钟，雨便止了。但公司门外，人声忽然鼎沸，同时似闻千军万马奔腾而过的声音。走不到几步路，便是山涧，见洞中浊流汹涌，吼声如雷。历半小时而气势未弱。

在公司大厅中吃了午饭，就要下矿。这时已下午4时左右。他们取出了许多套蓝色的衣服给我们穿在身上，头上各戴一顶藤帽，每人一手执灯，一手执手杖，活像是个工头——工人是穿得破烂多了，但藤帽和灯却是人人都有的。这灯并无灯罩，火焰露在外面。

"有危险么？"我见了这灯，吓得一跳，问道。

"从来不曾出过事。因为这矿是干矿，一点煤气都没有。决无危险。"

我心里还栗栗的在危惧。

"如果在英国，不用保险灯入矿，是要被捉进监狱的。"其田道。

路上遇见一个童工，在那里闲逛，我问他道：

"你今天不做工么？"

"不做工。"

胡君道："他自己休息一天。"

"每天你有多少工钱呢？"

"一天一毛钱！"

"在矿里做什么工作呢？"

"推煤车，搬东西。"

这时，已走到了升降机边。蒸汽腾腾的由窟口冲出，机上是湿漉漉的。

"站好了，快要开机了。"管理升降的工人道。

呜呜的声响继之而来，升降机斗的一落，伸手不见五指，各人的灯光，如豆似的，照不见面目。黑漆漆的，如入了地狱。降下，降下，降下，仿佛无底洞似的；四壁都是黑的煤块；到处都是黑暗，黑暗，一片的黑暗。到了此地，也不知害怕了，索性任它降到底。只是升降机上面淅淅沥沥的滴了不少水，各人肩上身上都潮了一大片。

升降机降落得很慢，慢，慢，慢，更慢，更慢，然后突然的停止了。机门开启，说道："到了！"

是到另一个世界里了。

这里是离地面四百呎的地下。只靠着这升降机和人世间相联络。

这机如果一旦出了毛病呢……那是不能想象的了！仿佛没有第二个升降机的设备。

还是一片黑暗，伸手不见五指。手执的灯光，只足供照路之用。路上是纵纵横横的铁索和路轨，还有许许多多的煤车停在那里。远处隆隆的，还有不少辆在推来。遇到狭些的路上，我们都是侧身而过。

因为矿质坚实，洞中通道，大半不用支柱。有的地方，低得非匍匐而进不可。如果猛不防，头颅便要和矿石相撞。我一路来，已撞了三次。如果不戴藤帽，则一定是头破血出了。

"气闷，气闷！"冰心叫道。

的确是气闷，胸中仿佛是窒塞不畅。但工人们在矿中过那八小时，乃至十六小时，天天都是这样过的，他们难道不感气闷吗？

地上是一洼一洼的水，一不小心便会溅得一足的黑水。头上是洒洒落落的水点，不时的像秋雨似的滴下。闷热极了，个个人出汗，我连内衣都湿透了。

"难道是矿里没有通风的设备么？"我问领导的一位技师道。

"原是有的，因为矿中还凉快，所以没有用。您看，这里的工人们都还穿着衣衫呢。山里面的那一矿，因为热，工人们都是一丝不挂。"

一处有电光射出。我们到了那里，如黑夜独行，见到了孤村农屋里的灯光一样的喜悦。这里是电机所在，管理升降机的机关。过此，又没有电灯了。

前面又有熊熊的火光，还有叮叮当当的打铁的声音。

"那是挖掘矿石的器具的临时修理处。"

闷塞在四百米的地下穴，在数百千热度的高热的火炉边立着，蒸熏得人不能不焦躁，立刻地离开了。走了好远的一段路，才不感到其热。

在黑暗中又走了好久，总有半点多钟，才走到现在工作着的掘煤的地方。刚才所走的都是交通道。

有许多工人在不停的工作着，裸着上体的居多。一锹一锹的向煤壁上斫去，有松软的，立刻便一块块的落下，有坚硬的，便非挖了几个洞，放入火药去炸落它不可。那工作是万分的危险。但每天的工资至多还不到四毛钱！每天至少要在危险的地下四百呎的穴中八小时！

看来挖煤的工作还不难，我便向一个工人借得一柄鹤嘴锹，也向壁上挖掘了几分钟。双臂还不大吃力，但煤屑飞溅在脸上，有点痛。有一次，溅人口中，有一次则飞入眼皮里去，很不好受。只好放下锹，向他谢谢。

他只有两个眼白是白得发亮，一脸一身都是黑炭的黑。他朝我笑笑，我觉得很难过。

大家实在受不住那闷热，都催着快走回去。路上隆隆的车声在飞驶着，老远的便喊它停住，否则一定会撞在身上的。我们都走在路轨上。

到了升降机边，才轻松的叹了一口气。呜呜呜的，升降机向上升！四壁都是发亮的煤块。渐渐的有些亮光，快到地面了，更是松了心。

当我们走出了升降机时，恍如再履人世。

"假如这矿里过的生活是人的生活，那么，我们过的实在不是人的生活……"仿佛谁在叹道。

"九渊之下，更有九渊"，谁知道矛盾的人间是分隔着怎样的若干层的生活的阶级呢。

比较起来，我们能不说是罪人么？仍旧换了一次火车才回到大同。

7月14日夜

24. 百灵庙

◉ 郑振铎

一

11 日清早，便起床。天色刚刚发白。汽车说定了 5 点钟由公医院开行，但枉自等了许久，等到 6 点钟车才到。有一位沈君，是班禅的无线电台长，他也要和我们同到百灵庙去。

同车的，还有一位翻译，是绥远省政府派来招呼一切的。这次要没有傅作义氏的殷勤的招待，百灵庙之行，是不会成功的。车辆是他借给的，还有卫士五人，也是他派来保卫途中安全的。

车经绥远旧城，迎向大青山驶去。不久，便进入大青山脉，沿着山涧而走，这是一条干的河床，乱石细砂，随地梗道。砂下细流四伏，车辙一过，即成一道小河，涓涓清流，溢出辙迹之外。我们高坐在大汽车上，兴致很好，觉得什么都是新鲜的。朝阳的光线是那么柔和的晒着。那长长的路，充满了奇异的未知的事物，继续的展开于我们的面前。

走了两小时，仍顺了山涧，爬上了蜈蚣坝。这坝是绥远到蒙古高原的必经的大道口。路很宽阔，且也不甚峻峭，数车可以并行。但为减轻车载及预防危险，我们都下车步行。到了山顶，汽车也来了。再上了车，下山而走。下山的路途较短，更没有什么危险。据翻译者说，这条山道上，从前是常出危险的。往来车马拥挤在山道上，在冬日，常有冻死的、摔死的。西北军驻此时，才由李鸣钟的队伍，打开山岩，把道路放宽，方才化险为夷，不曾出过事。这几年来，此道久未修治，也便渐渐的崎岖不平了。但规模犹在，修理自易。本来山口有路捐局，征收往来车捐。最近因废除苛捐杂税的关系，把这捐也免除了。

下了坝，仍是顺了山涧走。好久好久，才出了这条无水的涧，也便是把大青山抛在背后了。我们现在是走在山后。颉刚说苏谚有"阴山背后"一语，意即为：某事可以不再做理会了。可见前人对于这条阴山山脉是被视做畏途很少人肯来的。

但当我们坐了载重汽车，横越过这条山脉的时候，一点也不觉得这是一个荒芜的地方。也许比较南方的丛山之间还显得热闹，有生气。时时有农人们的屋舍可见——但有人说，到了冬天，他们便向南移动。

不怎么高峻的山坡和山头，平铺着嫩绿的不知名的小草，无穷无尽的展开着，展开着，很像极大的一幅绿色地毡，缀以不知名的红、黄、紫、白色的野花，显得那样的娇艳，露不出半块骨突的酱色岩来。有时，一大片的紫花，盛开着，望着像地毡上的一条阔的镶边。

在山坡上有不少已开垦的耕地。种植着荞麦、莜麦、小麦以及罂粟。荞麦青青，小麦已黄，莜麦是开着淡白色的小花，罂粟是一片的红或白，远远的望着，一方块青，一方块黄，一方块白，整齐的间隔的排列着，大似一幅极宏丽的图案画。

11 时，到武川县。我们借着县署吃午饭，县长席君很殷勤的招待着。所谓县署，只是土屋数进，尚系向当地商人租来的。据说，每月的署中开支，仅六百元。但每年的收入却至少在十万元以上，其中烟税占了七万元左右。

赵巨渊君忽觉头晕腹痛，吐泻不止。我们疑心他得了霍乱，异常的着急，想把他先送回绥远，又请驻军的医军官来诊断。等到断定不是霍乱而只是急性肠炎时，我们方才放心。这时，大雨忽倾盆而下，数小时不止，我们自幸不曾在中途遇到。天色渐渐的暗了下来。这天的行程是决不能继续的了。席县长让出他自己的那间住房，给我们住。

但我们人太多，任怎样也拥挤不开。我和文藻、其田到附近去找住所，上了平顶山，夕阳还未全下。进了一个小学校，闲房不少，却没有一个人，门户也都洞开，窗纸破碎的拖挂着，临风簌簌作响。这里是不能住，附近有县党部，那边却收拾得很干净，又是这一县最好的瓦房。我们找到委员们，说明借宿之意时，他们毫不犹豫的答应了，且是那样的殷殷地招呼着。冰心、洁琼、文藻、宣泽和我五个人便都搬到党部来住。烹着苦茶，一匙匙的加了糖，在喝着，闲谈着，一点也不觉得是在异乡。这所房子是由娘娘庙改造的，故地方很宽敞。据县长说，每年党部的费用，约在一万元左右。但他们的工作，似很紧张，且有条理，几个委员都是很年轻、很精明的。

这一夜睡得很好。第二天清早，便听见门外的军号声。仿佛党部的人员们都已经起来，这天（12日）是星期日，不知道他们为什么这样的早起。等到我们起床时，他们都已经由门外归来。原来是赴北门外的"朝会"的，天天都得赴会，县长、驻军的团长以及地方办事人员们，都得去。这是实行新生活运动的条规之一。

9时半，我们上了汽车，出县城北门，继续的向百灵庙走。沿途所经俱为阜原。我们是开始领略到蒙古高原的景色了，风劲草平，牛羊成群的在漫行着，地上有许多的不知名的黄花、紫花、红花。又有雉鸡草，一簇簇的傲慢的高出于蒿莱及牧草之群中。据说，凡雉鸡草所生的地方，便适宜于耕种。

不时的有黄斑色的鸟类，在草丛里，啪啪的飞了起来。翻译说，那小的是叫天子，大的是百灵鸟。在天空里飞着时，鸣声清婉而脆爽，异常的悦耳。北平市上所见的百灵鸟，便产在这些地方。大草虫为车声所惊，也展开红色网翼而飞过，双翼嗤嗤嗤的作声。那响声也是我们初次听闻到的。又有灰黄色的小动物，在草地上极快的窜逃着过去，不像是山兔。翻译说，那是山鼠。一切都是塞外的风光。我们几如孔子的人周庙，每事必问，充满了新崭崭的见与闻。虽是长途的旅行，却一点也不觉得疲倦。

11 时，到保商团本部，颉刚、洁琼他们，下去参观了一会。这保商团是商民们组织的，大半都是骑兵，招募蒙人来充当，很精悍。这一途的商货，都由他们负责保护安全。

12 时，过召河，到了段履庄。这里只有一家大宅院，是一个大百货商店，名鸿记，自造油、酒、粉、面，交易做得极大。有伙计二百余人。掌柜人的住宅，极为清洁。在那里略进饼干，喝了些热水，便是草草的一顿午餐。

由鸿记上车，走了两点多钟，所见无异于前。但牛群羊群渐渐的多了，又见到些马群和骆驼群，这是召河之东的草原上所未遇的。最有趣的是，居然遇见了成群的黄羊（野羊），总共有三四百只，在山坡上立着。为车的摩托声所惊，立在最近的几只，没命的奔逃着去；那迅奔的姿态，伶俐的四只细腿的起落，极为美丽。翻译说，野羊是很难遇到的，遇者多主吉祥。3 时，阴云突在车的前后升起。"快有雨来了。"翻译说。果然，大滴的雨点，由疏而密的落下。扯好了盖篷，大家都蛰伏在篷下，怪闷气的。车子闯过了那堆黑云，太阳光又明亮亮地晒着。而这时，远远的已见前面群山起伏，拥在车前。翻译指道："那一带便是乱七八糟山"——这怪名字是他自己杜撰的，他后来说——这山的缺口，便是九龙口，我们由南口进去。在这四山的包围之中的，便是百灵庙。我们登时都兴奋起来，眼巴巴的望着前面。前面还只是乱山堆拥着，望不见什么。

3 时半，进了山口，有穿着满服的几个骑士们，见了汽车来，立刻策马随车奔驰了一会，仿佛在侦察车中究竟载的何等人物似的。那骋驰的利落、自如，是我们第一次见到的好景。跟了一会，便勒住马，回到山口去。

112

而这时，翻译忽然叫道："百灵庙能望见了！"一簇的白屋，间以土红色的墙堵；屋顶上有许多美丽的金色的瓶形饰物，在太阳底下，闪闪发亮。

我们的车，在一个"包"前停下。这"包"装饰得很讲究，地毡都是很豪华的。原来是客厅，其组成，系先用许多交叉着的木棒，围成穹圆形，然后，外裹以白毡，也有裹上好几层的，内部悬以花布或红色毡，地上都铺垫了几层的毡。上为主座，中置矮案，案下为沙土一方，预备随时把垃圾倾在其中，隔若干日打扫一次。居者坐卧皆在地毡上。每一包，大者可住十余人，我们自己带有行军床，铺设了起来，又另成一式样。占了两包，每包住四人或五人，很觉得舒畅，比局促在河东商店的厢屋里好得多了。大家都充溢着新奇的趣味。

7时，天色忽暗，一阵很大的雹雨突然的袭来。小小的雹粒，在草地上迸跳着，如珠走玉盘似的利落，但包内却绝不进水。

雨后夕阳如新浴似的，格外鲜洁的照在绿山上，光色娇艳之至！天空是那么蔚蓝。两条虹霓，在东方的天空，打了两个大半圈，色彩可分别得很清晰。那彩圈，没有一点含糊，没有一点断裂。这是我们在雨后的北平和南方所罕见的；根本上，我们便不曾置身于那么广阔无垠的平原上过。

天色渐渐的黑了，黑得什么都看不见，仅包内一灯荧然而已。

不久便去睡。包外，不时的有马匹嘶鸣的声音传入。犬声连续不断的在此呼彼应的吠着，真有点像豹的呼叫。听说，牧犬是很狞恶的，确比口内的犬看来壮硕得多。但在车上颠簸了大半天，觉得倦极，一会儿便酣酣的睡着。

半夜醒来，犬声犹在狂吠不已。啊，这草原上的第一夜，被包裹于这大自然的黑裳里，静聆着这汪汪的咆叫，那情怀确有点异样的凄清。

今天5点多钟便起，还是为犬吠声所扰醒。趁着大家都还在睡，便急急的写这信给你。

写毕时，太阳光已经晒遍地上。预备要吃早餐，不多说了。

二

昨天，早餐后，一个人出去散步。在北面的一带山地上漫游着。山势都不高峻，山坡平衡之至，看不见一点岩石。足下是软滑滑的，一点履声都没有。那草原上的绿草简直便是一床极细厚的地毡，踏在上面，温适极了。太阳光一点都不热。山底下便是矮伯格河环之而流。

中途遇见保安处的军事教官刘建华君，随走随谈，谈得很久。他参加过好几次的抗日战，这可伤心的往事，不能不令人想起来便悲愤交集。

上午往游百灵庙。百灵庙，汉名广福寺，占地极广；凡有大小佛殿及"经堂"十一座；大小的喇嘛住所一百数十处，共有六百余间屋，可容得下三千余众。但现在住着的，不过数百人。

庙为康熙时所建，圣祖西征，曾在这里住得很久。民国三年（1914）时，张治曾驻此，曾经过一次大战，庙全被焚毁，现在的庙，是民国十年（1912）后重建的，规模遂远逊于前。

正殿及白塔，正对着庙前的突出的一峰，这峰名女儿山。相传，康熙怕女儿山要产生真命天子，便特建此庙以镇压之。

殿门上有梵符、符傍，注着汉字云："凡在此符下经过一次者，得消除千百世之罪孽。"前殿之"经堂"，正中为班禅驻此时诵经处。四周皆壁画，气韵还好，当出于大同、张家口的画人手笔。画皆释迦故事，唯有数尊喜欢佛，较异于他处。后殿为供佛之所。如来像的下方，别有头戴黄尖帽，身披黄袍的大小坐像数尊。其面貌和一般的佛像大异，鼻扁，额平，颧骨凸出，极肖蒙人。初以为蒙佛，问了翻译，才知道是黄教祖师的真容。这位宗教改革家，在西藏史上是占着很重

114

要的地位的。殿的东隅，置一金色的柱形物，分三层，为宇宙的象征。下层为地，做圆形；中层为水，亦圆形而有波浪纹；上层为天，做楼阁层叠状。水的四面，有二伞形及日、月二形，此亦藏物。

出正殿，又进几个佛殿去参观，规模有大小，而结构无殊，便也懒得去追历十一殿了。

出庙，在山坡上散步。太阳光渐渐地猛烈起来，有点夏天的气候了。山顶有一白色石堆，插有木杆无数，成为斗形。木杆上悬挂着许多彩色的绸布，上有经文。此种石堆，名为"鄂博"，本为各旗分界之用，同时也成了祀神之所。我们坐在这"鄂博"的阴影下闲谈着。赵君说起蒙古所以定阴历三月二十一日为大祭成吉思汗日者，非为他的生忌死忌，而是他的一个特殊的战胜纪念日。是日为黑道日，本不利于出兵。但他每在黄道日出兵必败，特选这个黑道日出兵，遂获大胜。后人遂定这个奇特的日子为大祭日。

不觉的，太阳已经在天的正中了。我们赶快的向"包"走回。饭后，午睡了一会。"包"内闷热甚，大有住在沙漠上的意味。

夜间，赵君请了两个奏乐的人来。因为只有两个人，故只能奏两种乐器。一吹笛，一拉胡琴。奏的音调，极似《梅花三弄》，但他们说，是古调，名《阿四六》。这种音调，我疑心确是由蒙古高原传到内地来的。次换用胡琴和马头琴合奏，马头琴是件很奇特的乐器，蒙名"胡尔"或"尚尔"，弦以马尾制成，饰以马首形。相传系成吉思汗西征时所制的。每一弹之，马群皆静立而听。马头琴声宏浊悲壮，间以胡琴的尖烈的咿哑声，很觉得音韵旋徊动人，虽然不知道奏的是什么曲。最后，是马头琴的独奏。极慷慨激昂，抑扬顿挫之至，没有一个人不为之感动的。奏毕，争问曲名，并求重奏一次。他们说，这曲名《托伦托》，为成吉思汗西征时制。奏乐者去后，余兴未尽，又由韩君他们唱《托伦托》曲及情歌《美的花》，歌唱出来的《托伦托》曲较在乐器上奏的尤为壮烈，确具骑士在大草原上仰天长歌的情怀。《美的花》则若泣若诉，郁而不伸。反复的悲叹其情人的被夺他嫁，但叹息声里，也带着慷慨的气概，不那么靡靡自卑。

"包"内客人们散去时，已经午夜。盘膝坐得腰酸，走出"包"外，全身舒直了一下。夜仍是黑漆漆的，伸手不见掌，但天空却灿灿烂烂的缀着满空的星斗。银河横亘于半天，成一半圆形，恰与地平线相接。此奇景，不到此，不能见到。

12 时睡。相约明早到康熙营子去，又要去考察一般蒙人所住的"包"。明日午后，尚约定看赛马会和"摔跤"。

三

前昨二日由百灵庙寄上一信。此二信皆系由邮差骑马递送，每两天一班，每班需走三天才到绥远。故此二信也许较这封信还要迟到几天呢！

百灵庙地方，很可留恋。昨日（*14* 日）上午，7 时方才起床，夜间睡得很熟，9 时左右，乘汽车到康熙营子。相传该处为康熙征准噶尔时的驻所。今尚留有遗迹，且有宝座，但通觅宝座不见。四周大石重叠，果似营门。疑为附会之辞；因大石皆是天生，不大像人工所堆成。营子内，山势平衍，香草之味极烈，大约皆是蒿艾之属。草虫唧唧而鸣，声较低于北平之"叫哥哥"，其翼膀也较短。红翼的蚱蜢不断的嗤嗤的飞过。蒙古鹰成群的在山顶的蓝天上打旋。后山下有孤树二三株，挺立于水边。一个人独坐于最高的山上，实在舍不得走开。可惜大家都在远处催促着，只得走了，香草之味尚浓浓的留在鼻中。

离开康熙营子，循汽车路去找蒙人住的蒙古包。走了好久，方才看见几个包，大约总是两个包成为一家。有山西老头儿，骑骡到各包索账，态度极迂缓从容。我们去访问一家。这家有二包，男人已经出外，仅有老母及妻在家，尚有一个汉人的孩子，是雇来看牛的。这家不过是中下之家，但有牛三十余匹，羊百余只，包内也甚整洁。锅内有牛奶一大锅，食物架上堆满了奶皮、奶豆腐。火炉旁有一小火，长明不熄。由译人传语，知其老母为七十五岁，妻为二十五六岁，男人为三十余岁，已结婚二三年，尚未有子女。被雇之幼童年约九十龄，每日工资一角。老妇人背已驼，但精神尚健壮。其媳颇好静，语声甚低，手中正在做活计，闻为其婆所穿之衣。说话时，含羞低头，且仅简单的回答着。大约都是说"不知道"之类。有问，往往由其婆代答。我们要为他们摄影，但坚持不肯出包，等到我们出包上车时，他们又立在包前看。

下午，到河东商家去访问，河东有买卖十余家，主伙皆山西大同人。又有无线电台及邮局等机关。最老的商店有一二百年者；最大的一家集义公也有四五十年的历史，每年可赚纯利四五千元，其资本则仅千元。这里的贸易，向不用钱，皆以货易货。商人以布匹、茶、糖等必需品卖给他们。到了第二年秋天，他们则以牛羊马匹偿还之，商人们可以获得往返的两重的利息，故获利颇丰，然近年竞争亦甚烈。有商号十余家，二三人、四五人一组的行商，也有一百余组，来往各包做买卖。每组所做，有多至数百十个包者。因地面订阔之故，他们多以骆驼、马匹、骡子等代步及运货。亦有蒙人上商号去做买卖的。我们在河东，即见二蒙人执一狐皮来兜销，要价八元，然无人问津。

无线电台为政委会的，新由北平军分会运去，可通南京、北平、绥远及德王府等处。台长关君为东北大学毕业生。

2时，沿了百灵河，向山后走去，择一僻地，洗足擦身。水极清冽，沙更细软。跣足步行水中，很觉舒适。游鱼极多，见人皆乱窜而去。鱼极小，水中也无人钓鱼，故生殖至多。也有蛙，形体较小于内地。3时回。

15日上午5时，即起床，天色尚未大亮。早餐后，太阳始出。6

时半，开车。来送行的人仍不少，各有依依不舍之情意。车将出九龙口，回望百灵庙，犹觉恋恋。庙顶的金色，照耀在初阳里，和庙墙的白色相映，竟分外的显得可爱，其美丽远胜于近睹。

有一喇嘛着红色衣，牵一白马，在绿色草原上走着，颜色是那样的鲜明。

途中遇见灰鹤成群，这和黄羊，同为罕见的动物。张君取出手枪，放了一回，灰鹤纷纷惊飞，飞态很美。其他马群、牛羊群及成群之骆驼则所遇不止一次。有一次，总有百来匹马见了车来，在车前飞奔而去，是那样的脱羁而逃，较赛马尤为天然可爱。

汽车道旁，有二蒙古包，是一家，有羊圈，已稍见汉化。此家有二女，皆未嫁，少女极娇美，头戴银圈，镶以红绿色的宝石珊瑚等，双辫悬前，璎珞满缀于上，面色红白相融，是内地所罕见之健美的女子。我们徘徊了一会，即复上车。11时，经过召河，绕道到普会寺，即绥远锡拉图召大喇嘛的避暑地。寺额为乾隆所写，寺凡三层，皆藏式，仅屋檐参以汉式。寺内结构和大召、小召等相同，也是"经堂"在前，佛殿在后。寺旁有二院落，极整洁，一院有高树二株。窗户皆用蓝色及绿色，而间以金色的圆圈及卐字等为饰。很别致。一旁厅悬有画马二幅，很古，似为郎世宁笔。惜门已锁上，不能进去参观。下午2时，过武川路，和县长及县党部诸君周旋了一会，即别。4时左右，过蜈蚣坝，车颠簸甚。5时半始到达公医院。计坐了十一小时的汽车，殆为生平最长途的汽车旅行。尚不觉甚倦。饭后，到旧城春华池沐浴，身体大为舒适。今夜当可有一觉好睡。

现已12时，不再写了，明天还要早起到昭君墓。

8月13至15日

25. 大同

◉ 郑振铎

10日，5时即起身。6时20分由张家口开车。过阳高时，本想下去游白登堡，因昨夜大雨滂沱，遍地泥泞，不能下足，只好打消此议。下午1时半到大同。

大同在六朝做过北魏的都城，历代也都是大邑重镇。遗留古迹极多。在平绥路线上是一个最有过去的光荣的地方。现在车道可通太原等处。将来同蒲路修竣，这个地方在军事和商业上占的地位更为重要。

过大同的人，没有一个不耳熟于云冈石窟之名。这是北魏时代的一个伟大的艺术的宝窟，我憧憬于兹者已有好多年。到大同的目的，大半在游云冈。但并不是说，城内便没有可逛的地方。大同的城内也到处都是古迹，都有伟大的建筑物和艺术品在着。在大同，便够你逛个十天八天，逛个心满意足，还使你流连徘徊，不忍即返。

在车站上听见人说，连日大雨倾盆，通云冈的汽车道已被水冲坏，交通中断。这话使我的游兴为之减去大半。其田、文藻到骑兵司令部去打听关于云冈道上的消息，并去借汽车——到云冈虽不过三十里，汽车一小时余可达，坐骡车骑马却都很费事，故非去借汽车不可。过了许久，他们才回来，说赵司令承绶已赴云冈，他也因路断不能回来。现在正派工兵连夜赶修，大约明天这条路可以修好。

这样的在期待中，在车厢里过了半天，夜色苍茫，如豆的电灯光照得人影如鬼影似的，实在鼓不起上街的兴趣。到这陌生的地方，也不愿意夜游。便在车上闲谈，消遣过这半夜。

11 日 *6* 时起。*9* 时左右，司令部的载重汽车来了。先游城内。云冈的修路消息还没有来，据说，要 *12* 时前后方才知道确实的情形。颉刚游过大同数次，他独留在车上写信，不出去。

大同旧城外，有外郭三，除兵房外，无甚商店。但马路甚好，兵士时常的在修理。一进旧城，便是县政府的范围，那马路的崎岖不平，泥泞满涂，有过于北平人所称的"无风三尺土，有雨一街泥"。我们坐在大汽车上颠簸得真够受。旧城的城楼，曾改建成西式的楼房，作为图书馆。后冯玉祥军围大同，图书馆为炮火所毁。至今未能恢复。一座破坏了的洋楼孤巍巍的耸立在城头，倒是一个奇观。

到了阳和街东，便是九龙壁的所在。这是代王邸前的一道照壁。王邸已沦为民居，仅此照壁尚存。锁上了门，须叫看守者开门进去。那九条龙张牙舞爪的显得很活泼。琉璃砖瓦砌合的东西，光彩过于辉煌耀目，火辣辣的，一看便有非高品之感。但此壁琉璃砖上的彩色已剥落了不少，却觉得古色斑斓，恬暗幽静，没有一点火气，较之北海公园的那一座九龙壁来，这一座是够得上称做老前辈的了。在壁下徘徊了好久。壁的前面是一个小池。据看守人说，池里有水的时候，龙影映在水中，活像是真龙。又说，大小龙共计一千三百八十条。此数大约不确，连琉璃瓦片上的小龙计之，也不会到此巨数的。"九龙神迹"的一碑为乾隆重修时所立。又有嘉庆及民国十九年（*1930*）重修的二碑。

次游华严寺，这是大同城内最著名的梵刹。共有上寺下寺二所，相距甚近。当初香火盛时，或是相连的，后来寺址的一部分被占为民居，便隔成两地了。这是很可能的解释。上华严寺规模极大，现在虽然破坏不堪，典型犹在。旁院及后院皆夷为民居。大雄宝殿是保存得最好的一部分。终年锁上了门，可想见香火的冷落。找到了一个看守的和尚，方才开了门。此殿曾经驻过兵，被蹂躏得不堪。壁画尚完好。

但都是金碧焕然，显为二三十年内所作的。有题记云"信心弟子画工董安"，又云"云中钟楼西街兴荣魁信心弟子画工董安"。这位董安，当是很近代的人。但画的佛像及布置的景色却浑朴异常，饶有古意。有好几个地方还可看出旧的未经修补涂饰的原来痕迹。大约董安只不过修补一下，加上些新鲜的颜色上去而已。原来署名的地方，一定是有古人署名的，却为他所涂却，僭写上了自己的名号了。此种壁画，当不至经过一次两次的涂饰。每经过一次的"装修"，必定会失去若干的"神韵"。凡董安所曾"装修"过的，细阅之，笔致皆极稚弱，仅存古作的躯壳耳。凡未经他的"装修"的，气魄皆很伟大，线条使色，都比较的老练、大胆。今日壁画的作家，仅存于西北一隅，而人皆视之为工匠，和土木工人等量齐观，所得也极微少，无怪他们的堕落。再过几年，恐怕连这类的"匠人"也不易找到了。北方的佛教势力实在是太微弱了，除了一年一度或数度的庙会之外，差不多终年是没有香火的。有香火的几个庙，不过是娘娘庙、城隍庙及关帝庙、玉皇庙等寥寥数座而已。为了生活的压迫，连宗教的崇拜也都专趋于与自己有切身利害关系的神祇们身上，释迦、如来之类，只好是关上大门喝西风了。故北方的庙宇，差不多不容易养活多少个僧侣。像灵隐寺及普陀山诸寺之每寺往往住着数百千个和尚的简直是没有。这有名的古刹华严寺，不过住着几个很穷苦的看守人而已，而其衣衫的破烂，殊有和这没落的古庙相依为命之概。北方的庙宇，听说，只有喇嘛庙还可以存在，每庙也常住着数百人。其经济的来源却是从蒙古王公们那方面供给的居多，然今日也渐渐的日见其衰颓了。

上华严寺的大殿上的佛像以及布置，都和江南及北平的不同。殿很大，共有九九八十一间。还是辽代的建筑，历经丧乱，巍然独存。佛像极庄严，至晚是金元时代的东西。供养佛前的花瓶，是石头造的。像焰光极繁缛绚丽，和永乐时代的木版雕刻的佛像有些相同。无疑的，木雕是从这实物上仿得的。

"大雄宝殿"四字是宣德二年（1427）写的。又有"调御丈夫"一额，是万历戊午年（1618）马林所题。此外，便无更古的题记了。

走过一条街便是下华严寺。一走进寺门，觉得气魄没有上寺大，眼界没有上寺敞。但当小和尚们——这里还有几个和尚及沙弥，庙宇保存得也还好——把大殿的门打开了时，我们的眼光突为之一亮，立刻喊出了诧异和赞叹之声。啊，这里是一个宝藏，一个最伟大的塑像的宝藏！从不曾见过那么多的那么美丽的塑像拥挤在一起的。这里的佛像确有过于拥挤之感，也许是从别的地方搬运了些过来的吧。简直像个博物院。上寺给我们的是衰败没落的感觉，到这下寺却使我们感到走进一个保存古物的金库里去。上寺的佛像是庄严的，但这里的佛像，特别倚立着的几尊菩萨像，却是那样的美丽。那脸部，那眼睛，那耳朵，那双唇，那手指，那赤裸的双足，那婀娜的细腰，几乎无一处不是最美的制造品，最漂亮的范型。那倚立着的姿态，娇媚无比啊，不是和洛夫博物院的 Venus de Mefo 有些相同么？那衣服的褶痕、线条，哪一处不是柔和若最柔软的丝布的，不像是泥塑的，是翩翩欲活的美人。地山曾经在北平地摊上买到过一尊木雕的小菩萨像，其姿势极为相同。当为同时代之物。大约还是辽代的原物吧！否则，说是金元之间的东西，是决无疑问的。在明代，便不见了那飞动、那切娜的作风了。明的塑像往往是庄严有余，生动不足的。清代的作物，则只有呆板的形象，连庄严慈祥的表情也都谈不到了。眼前便有一个好例：在这宝库里，同时便有几尊清代的塑像杂于其间，是那样的猥琐可怜！

我看了又看，相了又相，爬上了供桌，在佛像菩萨像之间，走着，相着，赞叹着。在殿前殿后转了好几个弯。要是我一个人在这里的话，便住在这里一天两天三天都还不能看得饱足的。可惜天已正午，不能不走。走出这拥挤的宝殿时，还返顾了好几次！

殿内有"大金国西京大华严寺重修薄伽藏教记",为金天眷三年（1140）云中段子卿撰。原来这里是一个藏经殿。殿的四周，经阁尚存，但不知是否原物。打开了经阁看时，金代的藏经当然是不翼而飞了，但其中还藏着一部《正统藏》，残阙颇多，有的仅存经皮。赵城县广胜寺所藏的一部《金藏》或与这寺有些渊源关系吧。

回到车上，匆匆的吃了午饭。司令部的招待员不久便来，说云冈的汽车道已经修好了。我们便兴冲冲的又上了载重汽车，是带着那样的兴奋和期望走向我们的更伟大的佛教的宝藏云冈去！

在云冈预定至少要住两天。

26．云冈

◉ 郑振铎

云冈石窟的庄严伟大是我们所不能想象得出的。必须到了那个地方，流连徘徊了几天、几月，才能够给你以一个大略的、美丽的轮廓。你不能草草的、浮光掠影的、跑着、走着的看。你得仔细的去欣赏。猪八戒吃人参果似的一口吞下去，永远的不会得到云冈的真相。云冈决不会在你一次两次的过访之时，便会把整个的面目对你显示出来的。每一个石窟，每一尊石像，每一个头部，每一个姿态，甚至每一条衣襞，每一部的火轮或图饰，都值得你仔细的流连观赏，仔细的远观近察，仔细的分析研究。七十呎，六十呎的大佛，固然给你以宏伟的感觉，即小至一呎二呎，二时三时的人物，也并不给你以藐小不足观的缺憾。全部分的结构，固然可称是最大的一个雕刻的博物院，仅就一洞、一方、一隅的气氛而研究之，也足以得着温腻柔和、慈祥秀丽之感。它们各有一个完整的布局。合之固极繁赜富丽，分之亦能自成一个局面。

假若你能够了解，赞美希腊的雕刻，欣赏雅典处女庙的浮雕，假若你会在 Venns de melo 像下，流连徘徊，不忍即去，看两次、三次，数十次而还不知满足者，我知道你一定能够在云冈徘徊个十天八天、一月两月的。

见到了云冈，你就觉得对于下华严寺的那些美丽的塑像的赞叹，是少见多怪。到过云冈，再去看那些塑像，便会有些不足之感——虽然并不会以他们为变得丑陋。

说来不信，云冈是离今一千五百年前的遗物呢；有一部分还完好如新，虽然有一部分已被风和水所侵蚀而失去原形，还有一部分是被拆下去盗卖了。

那么被自然力或奸人们所破坏的完整部分，还够得你赞叹欣赏的，且仍还使你有应接不暇之慨。入了一个佛洞，你便有如走人宝山，如走到山阴，珍异之多，山川之秀，竟使你不知先拾那件好，先看那一方面好。

曾走入一个大些的佛洞，刚在那里看大佛的坐姿和面相，忽然有一个声音叫道：

"你看，那高壁上的侍佛是如何的美！"

刚刚回过头去，又有一个声音在叫道：

"那门柱上的金刚，有五个头的如何的显得力和威！还有那无名的鸟，躯体是这样的显得有劲！"

"快看，这边的小佛是那么恬美，座前的一匹马，没有头的，一双前腿跪在地上，那姿态是不曾在任何画上和雕刻上见到呢。"

"啊，啊，一个奇迹，那高高的壁上的一个女像，手执了水瓶的，还不活像是阿述利亚风的浮雕么？那扁圆的脸部简直是阿述帝国的浮雕的重现。"

这样的此赞彼叹，我怎样能应付得来呢！赵君执着摄影机更是忙碌不堪。

但贪婪的眼和贪婪的心是一点不知疲倦的；看了一处还要再看一处，看了一次，还要再看一次。

云冈石窟的开始雕刻，在公元 453 年（魏兴安二年）。那时，对于佛教的大迫害方才除去，主张灭佛法的崔浩已被族诛。僧侣们又纷纷的在北朝主者的保护下活动着。这一年有高僧昙曜，来到这武周山的地方，开始掘洞雕像。昙曜所开的窟洞，只有五所。后来成了风气，便陆续的扩大地域，增多窟洞。佛像也愈雕愈多，愈雕愈细致。

《魏书释老志》云："太安初，有师子国胡沙门邪奢遗多、浮陁难提等五人，奉佛像三，到京师，皆云备历西域诸国，见佛影迹及肉髻，外国诸王相承，咸遣工匠摹写其容，莫能及难提所造者。去十余步，视之炳然，转近转微。又沙勒湖沙门赴京师致佛钵及画像迹。初昙曜以复佛法之明年（兴安二年，公元 453 年），自中山被命赴京。帝后奉以师礼。昙曜白帝，于京城西武周塞凿山石壁，开窟五所，镌建佛像各一，高者七十呎，次六十呎，雕饰奇伟，冠于一世。"又云："皇兴中，又构三级石佛图，榱栋楣楹，上下重结，大小皆石。高十丈，镇固巧密，为京华壮观。"（均见卷一百十四）

又《续高僧传》云："元魏北台恒北石窟通乐寺沙门解昙曜传：释昙电曜，未详何些人也。少出家，摄行坚贞，风鉴闲约。以元魏和平年，任北台昭元统，绥辑僧众，妙得其心。住恒安石窟通乐寺，即魏帝之所造也。去恒安西北三十里，武周山谷，北面石崖，就而镌之，建立佛寺，名曰灵岩。龛之大者，举高二十余丈，可受三千许人，面别镌像，穷诸巧丽，龛别异状，骇动人神。栉比相连，三十余里。东头僧守恒供千人，碑碣见存，未卒陈委。先是太武皇帝太平贞君七年，司徒崔浩，令帝崇重道士寇谦之，拜为天师，珍敬老氏，虔刘释种，焚毁寺塔。至庚寅年，太武感致疠疾，方始开始。帝既心悔，诛夷崔氏。至壬辰年，太武云崩，子文成立，即起塔寺，搜访经典。毁法七载，三宝还兴。曜慨前陵废。欣今重复（以和平三年壬寅）。故于北台石窟，集诸德僧，对天竺沙门译付法藏传，并净土经，流通后贤，意存无绝。"（卷一）

然这二书之所述，已可见开窟雕像的经过情形，不必更引他书。唯《续高僧传》所云"栉比相连，三十余里"，未免邻于夸大。武周山根本便没有绵延到三十余里之长，至多不过五六里长。还是《魏书释老志》所述"开窟五所"的话，最可靠。但昙曜开辟了此山不久，此山便成了皇家崇佛的圣地。在元魏迁都之前，《魏书》屡记皇帝临幸武周山石窟寺之事。

《魏书显祖记》："皇兴元年八月丁西，行幸武周山石窟寺"（公元467），以后又有七八次。

又《魏书高祖记》："太和四年八月戊申，幸武周山石窟寺。"

以后又有三次。但也不仅皇家在那里开窟雕像；民间富人们和外国使者们也凑热闹的在那里你开一窟，我雕一像的相竞争。就连日所得的碑刻看来，西头的好几个洞，都是民间集资雕成的。这消息，足征各洞窟的雕刻所以作风不甚相同之故。因此，不久之后，武周山便成了极热闹的大佛场。

《水经注》"灅水"条下注云："其水又东北流注武周川水，武周川水又东南流。水侧有石祇洹舍，并诸窟室，比邱尼所居也。其水又东转迳灵岩，凿石开山，因岩结构，真容巨壮，世法所希。山堂水殿，烟寺相望，林渊锦镜，绥目新眺。川水又东南流出山。"《魏上地记》曰："平城西三十里，武周塞口者也。"

按《水经注》撰于后魏太和，去寺之建，不过四五十年，而已繁盛至此。所谓"山堂水殿，烟寺相望，林渊锦镜，缀目新眺"，决不是瞎赞。

《大清一统志》引《山西通志》："石窟十寺，在大同府冶两三十里，元魏建，始神瑞，终正光，历百年而工始完。其寺，一同升，二灵光，三镇国，四护国，五崇福，六童子，七能仁，八华严，九天宫，十兜率。内有元载所修石佛十二龛。"那十寺不知是哪一代的建筑。所滑元载云云，到底指的是元代呢，还是指的唐时宰相元载？或为"元魏"二字之误吧？云冈石刻的作风，完全是元魏的，并没有后代的作品掺杂在内。则所谓元载一定是元魏之误。十寺云云，也不会是虚无之谈。正可和《水经注》的"山堂烟寺相望"的话相证。今日所见，石窟之下，是一片的平原，武周山的山上也是一片平原，很像是人工所开辟的；则"十寺"的存在，无可怀疑。今所存者，仅一石窟寺，乃是清初所修的，石窟寺的最高处，和山顶相通的，另有一个古寺的遗构。惜通道已被堵塞，不能进去。又云冈别墅之东，破坏最甚的那所大窟，其窟壁上有石孔累累，都是明显的架梁支柱的遗迹。此窟结构最为宏伟，难道便是《魏书释老志》所称"皇兴中又构三级石佛图"的故址所在么？这是很有可能的。今尚见有极精美的两个石柱耸立在洞前。

经我们三日（*11*日到*13*日）的奔走周览，全部武周山石窟的形势，大略可知。武周山因其山脉的自然起讫，天然的分为三个部分，每一部分都可自成一局面，中有山涧将它们隔绝开。如站在武周河的对岸望过去，那脉络的起讫是极为分明的。今人所游者大抵为中部；西部也间有游者，东部则问津者最少。所谓东部，指的是自云冈别墅以东的全部。东部包括的地域最广，惜破坏最甚，洞窟也较为零落。中部包括今日的云冈别墅、石窟寺、五佛洞，一直到碧霞宫为止。碧霞宫以西便算是西部了。中部自然是精华所在，西部虽也被古董贩者糟蹋得不堪，却仍有极精美的雕刻物存在。

我们 *11* 日下午 *1* 时 *20* 分由大同车站动身，坐的仍是载重汽车。沿途道路，因为被水冲坏的太多，刚刚修好，仍多崎岖不平处。高坐在车上，被颠簸得头晕心跳。有时，猛然一跳，连座椅都跳了起来。双手紧握着车上的铁条或边栏，不敢放松一下，弄得双臂酸痛不堪。沿武周河而行，中途憩观音堂。堂前有三龙壁，也是明代物。驻扎在堂内的一位营长，指点给我们看道："对山最高处便是马武塞，中有水井，相传是汉时马武做强盗时所占据的地方。惜中隔一水，山又太高，不能上去一游。"

三十华里的路，足足走了一个半钟头。渡过武周河两次，因汽车道是就河边而造的。第一次渡过河后，颉刚便叫道：

"云冈看见了！那山边有许多洞窟的就是。"

大家都很兴奋。但我只顾着紧握铁条，不遑探身外望；什么也没有见到，一半也因坐的地方不大好。

"看见佛字峪了，过了寒泉石窟了。"颉刚继续的指点道，他在三个月之前刚来过一次。

啊，啊，现在我也看见了，云冈全景展布我们之前。几个大佛的头和肩也可远远的见到。我的心是怦怦的急跳着。向往着许久的一千五百年前的艺术的宝窟，现在是要与它相见了！

3 时到云冈。车停于石窟寺东邻的云冈别墅。这别墅是骑兵司令赵承绶氏建的。这时，他正在那里避暑。因为我们去，他今天便要回大同，让给我们住几天。这里，一切的新式设备俱全——除了电灯外。

这一天只是草草的一游。只到石窟寺（一作大佛寺）及五佛洞走走，别的地方都没有去。

登上了大佛寺的三层高楼，才和这寺内的一尊大佛的头部相对。四周都是黄的红的蓝的色彩，都是细致的小佛像及佛饰。有点过于绚丽失真。这都是后人用泥彩修补的,修得很不好,特别是头部,没有一点是仿得像原形的。看来总觉得又稚弱又猥琐,毫没有原刻的高华生动的气势。这洞内几乎全部是彩画过的,有的原来未毁坏的,其真容也被掩却。想来装修不止一次,最后的一次是光绪十七年兴和王氏所修的。他"购买民院地点,装采五佛洞,并修饰东西两楼,金装大佛全身"。不能不说与云冈有功,特别是购买民地,保存石窟的一事。向西到五佛洞,也因被装修彩绘而大失原形,反是几个未被"装彩"过的小洞,还保全着高华古朴的态度。

游五佛洞时,有巡警跟随着。这个区域是属于他们管辖的;大佛寺的几个窟,便是属于寺僧管辖的;五佛洞西的几个窟,有居民,可负保管之责;再西的无人居的地方,便索性用泥土封闭了洞口,在洞外写道"内有手榴弹,游者小心"一类的话,其实没有。被封闭的无人看管的若干洞,也尽有好东西在那里。据巡长说,他们每夜都派人在外巡察。此地现已属于古物保管会管辖,故比较的不像从前那样容易被毁坏。

五佛洞西,有几尊大佛的头部,远远的可望见。很想立刻便去一游。但暮色渐渐的笼罩上来,像在这古代宝窟之前,挂上了一层纱帘。我们只好打断了游兴,回到云冈别墅。

武周山下,靠近西部,为云冈堡,一名下堡,堡门上有迎薰、怀远二额,为万历十四年所立。云冈山上还有一座土城屹立于上,那便是云冈堡的上堡。明代以大同为重镇,此二堡皆为边防兵的驻所。

晚餐后,在别墅的小亭上闲谈。东部的大佛窟,全在眼前。那两个立柱还朦朦胧胧的可见到。忽听到山下人家有击筑奏筝及吹笛的声音;乐声呜呜、托托的,时断时续。我和颉刚及巨渊寻声而往,听说是娶亲。正在一个古洞的前面,庭际搭了一个小棚,有三个音乐家在吹打。贺客不少,新娘盘膝的坐在炕上。

在这古窟宝洞之前，在这天黑星稀的时候，在当前便是一千五百年前雕划的大佛，便是经历了不知多少次的人世浩劫的佛室，听得了这一声声的呜呜托托的乐调，这情怀是怎样可以分析呢？凄惋？眷恋？舒畅？忧郁？沉闷？啊，这飘荡着的轻纱似的无端的薄愁呀！啊，在罗马斗兽场见到黑衫党聚会，在埃及的金字塔下听到土人们作乐，在雅典处女庙的古址上见旅客们乘汽车而过，是矛盾？是调和？这永古不能分析的轻纱似的薄愁的情怀！

归来即睡。入睡了许久，中夜醒来，还听见那梆子的托托和笛声的呜呜。他们是彻夜的在奏乐。

12 日一早，我性急，便最先起身，迎着朝暾，独自向东部去周览各窟。沿着大道（这是骡车的道）向东直走，走过石窟寒泉，走过一道山涧，走过佛字峪。愈向东走，石窟愈少愈小，零零落落的简直无可称道。山涧边，半山上有几个古窟，攀登了上去一看，那砦窟里是一无所有。直走到尽头处，然后再回头向西来，一窟一窟的细看。

最东的可称道的一窟，当从"左云交界处"的一个碑记的东边算起。这一窟并不大。仅存一坐佛，面西，一手上举，姿态尚好，但耳部极模糊，盖为风霜雨露所侵剥的结果。

窟的前壁，向内的一部分，照例是保存得最好的，这个所在，非风势雨力所能侵及，但也一无所有，刀斧斫削之痕，宛然犹在。大约是古董贩子的窃盗的成绩。

由此向西，中隔一山涧，地势较低，即"左云交界处"。道旁零零落落的，小佛窟不少。雕刻的小佛随处可见。一窟内有较大的立佛二，但极模糊。窟西，有一小窟，沙土满中，一破棺埋在那里，尸身的破蓝衣已被狗拖出棺外，很可怕。然此窟小佛像也有不少，窟外壁上有明人朱廷翰的题诗，字很大。由此往西，明人的题刻不少，但半皆字迹剥落，不堪卒读。在明代，此处或有一大庙，为入云冈的头门，故题壁皆萃集于此。

西首有二洞，上下相连，皆被泥土所堵塞，想其中必有较完好的佛像。一大窟，在其西邻，也已被堵塞，但从洞外罅隙处，可见其中彩色黝红，极为古艳，一望而知，是元魏时代所特有的鲜红色及绿色，经过了一千五百余年的风尘所侵所曝的结果，决不是后代的新的彩饰所能冒充得来的。徒在门外徘徊，不能入内。这里便是所谓"石窟寒泉"。有一道清泉，由被堵塞的窟旁涓涓的流出，流量极微。窟上有"云深处"及"山水清音"二石刻，大约也是明人的手笔。

西边有一洞，可入。洞中有一方形的立柱，高约八尺。一佛东向，一佛西向，又一佛西南向，皆模糊不清。西南向者且为泥土所修补的，形态全非。所雕立的、坐的、盘膝的小佛像甚多，但不是模糊，便是头部或连身部俱被盗去。

再西为碧霞洞（并非原名，疑亦明人所题），窟门有六，规模不小。窟内一物无存，多斧凿痕，当然也是被盗的结果。自此以西，便没有石窟可见。颇疑自"左云交界处"向西到碧霞洞，原是以"石窟寒泉"那个大窟的中心的一组的石洞。在明代，大约这里是士人们来往最为繁密的地方，或窟下的平原上，本有一所大庙，可供士大夫往来住宿的，然今则成为云冈最寥落、最残破的一部分了。

碧霞洞以西，是另成一个局面的结构。那结构的规模的宏伟，在云冈诸窟中，当为第一。数十丈的山壁上，凿有三层的佛像，每层的中间，皆有石孔，当然是支架梁木的所在。故这里，在从前至少是一所高在三层以上的大梵刹。颉刚说："这里便是刘孝标的译经台。"正中是一个大佛窟，窟前有二方形立柱，虽柱上雕刻皆已模糊不可辨识，那希腊风的人形雕柱的格局却是一看便知的。大窟的两旁，各有一窟，规模也殊不小。和这东西二窟相连的，更有数不清的小窟小龛。可惜高处无法攀缘而上，只能周览最下层的一部分。

一进了正中的那个大窟，霉土之气便触鼻而来，还夹着不少鸽粪的特有的臭味，脱落的鸽翎，满地都是。有什么动物，咕咕咕的在低鸣着，啪啪的一扑着翼，成群的飞了出来，那都是野鸽。地上很潮湿，积满了古尘、泥屑和石屑。阴阴的，温度很低，如入了地下的古墓室，但一抬起头来，却见的是耀眼的伟大的雕刻物。正中是一尊大佛，总有六十多尺高，是坐像，旁有二尊菩萨的大像，侍立着。诸像腰部以下皆剥落不堪，连形态都不存，但上半身却仍是完好如新。那头部美妙庄严，赞之不尽。反较大佛寺、五佛洞诸大佛之曾经修补者为更真朴可爱。这是东部唯一的一尊大佛。但除此三大佛外，这大窟中是空无所有，后壁及东西壁皆被风势及水力或人工所削平，连半点模糊的雕像的形状都看不到。壁上湿漉漉的，一抹便是一手指的湿的细尘。窟口的向内的壁上，也平平的不存一物，唯一条条的极整齐的斧凿痕还很清显的在那里，一定是近十余年来的人工破坏的痕迹。

东边的一窟，其中也被破坏得无一物存在。地上堆积了不少的由壁上脱落下来的石块，被古尘沾满，和泥土成了同色，大约不是近十年来之所为的。

西边的一窟，虽也破败不堪，却还有些浮雕可见到。副窟小龛里，遗物还不少。这西窟的东壁为泥土所堵塞，西壁及南壁，浮雕尚有规模可见。窟顶上刻有"飞天"字样，那半裸体的在空中飞舞着的姿态，是除了希腊浮雕外，他处少见的。肉体的丰满柔和，手足腰肢的曲线的圆融生动，都不是东方诸国的古石刻上所有的。我抬了头，站在那里，好久没有移开，有时，换了一个方向看去。但无论在哪个方向看去，那美妙、圆融的姿态总是令人满意、赞赏的。

由此窟向西，可通另一窟，也是一个相连的副窟。我们可称它为西窟第二洞。洞中有三尊坐佛，皆盘膝而坐。这个布置，在诸窟中不多见。东壁的浮雕皆比较的完整，后壁及西壁则皆模糊不堪。

如果把这以大佛窟为中心的一组洞窟恢复起来，其宏伟是有过于其西邻的大佛寺的。可惜过于残破，要恢复也不可能。我疑心《魏书释老志》上所说，皇兴中构的三级石佛图，其遗址便在此处。此地曾经住人，近代建的窖式的穹形洞尚存数所。

由此向西，不多数步，便是一道山涧或小山峡，隔开了云冈别墅和这大佛窟的相连。

从云冈别墅开始向西走，便是中部。

中部又可分为五个部分来说。

我依旧是独自一个人由云冈别墅继续的向西走，他们都已出发到西头去逛了。

第一部分是云冈别墅。别墅的原址是否为一大洞窟，抑系由平地填高了的，今已不能查考。但别墅之后，今尚有好几个石窟，窟内有一佛的，有二佛对坐的，仅被风霜侵蚀的不成形体。小雕像也几乎无存。但在那些洞窟中，还堆着不少烧泥的屋瓦和檐饰。显然的这别墅的原址，本是一座小庙，或是连合在大佛寺中的一个东偏院。可惜不及详问大佛寺的住持以究竟。那些佛窟，决不能独立成为一组，也当是大佛寺的大佛窟的东边的几个副窟。但为方便计，姑且算它做中部的第一部分。

第二部分包括大佛寺内的两个大窟。这两窟的前面，各有一楼，高各三层，第三层上有游廊可相通达。三楼之上，更有最高的一层，仿佛另有梯级可通，却寻不到。前面已经说过，大约是较此楼更古的一个建筑物。

第一窟通称为大佛殿，殿前有咸丰辛西重修碑，有不知年月的满文碑，有同治十二年及光绪二年的满文碑。又有明万历间吴氏的一个刻石，更无古者。

入殿后，冷气飕飕由窟中出。和尚手执一把香燃点起来，为照看

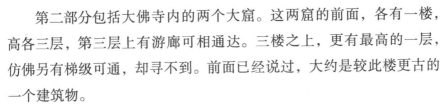

雕像之用。楼下一层很黑暗，非用火光，看不到什么。正中是一尊大佛，高约六十尺，身上都装了金，四壁浮雕，都被涂饰上新的色彩。且几原像模糊不清，或已失去之处，皆以彩泥为之补塑，怪不调和的。第二层楼上，光线较好，壁上也多半都是彩泥的塑像。站在这楼，正对大佛的胸部，到了三层楼上，方才和大佛的头部相对。大佛究竟还完好，故虽装了金，还不失其美妙慈祥的面姿。

　　第二窟俗称如来殿。窟中也极黑暗，结构和大佛殿大不相同。正中是一个方形立柱，每一面有一立佛，像支柱似的站着，柱上雕得极细。但有一佛，已毁，为彩泥所补塑。北壁为泉水所侵害，仅模糊可辨人形。东西壁尚完好，修补较少，较大佛殿稍存原形。登上了三楼，有一木桥可通那四方柱的第二层。这一层雕刻的是四尊坐像，四边浮雕极多，皆是侍像及花饰，有极美者。这立方柱当是云冈最完好的最精致的一个。

　　第三部分包括所谓弥勒殿及佛籁洞的二窟。这二窟介于大佛寺和五佛洞之间，几成了瓯脱之地，无人经管，弥勒殿前有额曰"西来第一山"，为顺治四年马国柱所题。那结构又自不动。正壁有二佛对坐着，像在谈经。其上层则为三尊佛像。其东西二壁各有八佛龛，每龛的帏饰，各有不同，都极生动可爱。有的是圆帏半悬，有的是绣带轻飘，无不柔软圆和，一点石刻的生硬之感也没有。顶壁的飞天及莲花最为完整。六朵莲花，以雕柱隔为六部。每一朵莲花，四周皆绕以正在飞行的半裸体的飞天，隔柱上也都雕刻着飞天。总有四十位飞天，那姿态却没有一个相同的；处处都是美，都是最圆融的曲线，那设计和雕工是世界上所不多见的。更好的是这窟中的雕像，全为原形，未经后人涂饰。

　　佛籁洞在其西，破坏已甚。观其结构的形势，当和弥勒殿完全相同。唯无后殿，规模较小。正中的一佛，为后人用彩泥补塑的。原来，照其佛龛的布置及大小，当也是二佛对坐谈经的姿态。

此殿前面，本来有楼，已塌毁。窟门左右，一边有五头佛，一边有三头佛，都显出有威力和严肃的样子，似是把守门口的神道们，同时用来做支柱的。窟外壁上，有浮雕的痕迹甚多，惜剥落殆甚，极为模糊。以上二亩，似也为大佛洞的西首的副窟。

第四部分就是俗称的五佛洞。不知为什么这五佛洞保护得格外周密。有巡警室在其口外，游人入内，必有一警士随之而入。其实，这一部分被装修涂改得最厉害，远不及弥勒殿和如来殿天然秀丽。

说是五佛洞，其实却有六个大窟。最东的第一窟，分隔为三进。结构甚类大佛殿。正中有大佛一，高亦有五十余尺，尚完好。后壁低而潮湿，雕像毁败已甚，前窟的许多浮雕都被涂饰得不成形状，但也有尚存原形的。

西为第二窟，结构略同前窟，大佛已毁去。到处都是新修新饰的色彩，唯高处的飞天及立佛尚有北魏的典型。

再西为第三窟，内部较小，结构同如来殿。中为一方形立柱，一方各雕着一佛，四壁皆新修新饰者，原有浮雕皆披彩泥填平，几乎是整个重画过。

再西为第四窟，较大，有两进，外进有四支塔形的支柱，极挺秀，尚未失原形。第二进则完全被涂饰改造过。疑其结构本同弥勒殿，正中的佛龛，原分上下二层，上层为三佛，下层为二坐佛。但今则上下二龛都仅坐着泥塑的二佛。以三佛及二佛的宽敞的地位，安置了一佛，自然要显得大而无当。再西为第五窟，结构同大佛殿。大佛高约五十呎，盘膝而坐，四壁多为新修饰的彩色泥像。

又西为第六窟。此窟内部已全毁，空无所有，故后人修补，亦不及之。仅窟门的内部，浮雕尚完好。西边即为一道泥墙，和寺外相隔绝。但此窟的外壁，小佛龛颇多，有几尊尚完整的佛像，那坐态的秀美，面姿的清俊，是诸窟内所罕见的，惜头部失去的太多。

　　再往西走，要出大佛寺，绕过五佛洞的外墙，才是中部的第五部分。这一部分的雕像我认为最美好，最崇高；却没有人加以保护，任其曝露于天空，任其夷为民居，任其给农民们作为存放稻草及农具之处所。其尚得保存到现在的样子，实在是侥幸之至。到这几个佛窟去，我们都得叩了农民们的大门进去。有时，主人不在家，便要费了本事。有一次，遇到一个病人，躺在床上起不来，没法开门，只好不进去，直等到第二次去，方才看到。

　　这一部分的第一大窟亦为一大佛洞。洞中有大佛一，高在六十尺以上，远远的便可望见其肩部及头部，壁上的浮雕也有一部分可见到。洞门却被泥墙所堵塞，没法进去。此窟东边，有二小窟；最东一窟有二坐佛，对坐谈经，却败坏已甚。较近的一窟也被堵塞。隐隐约约的看见其中彩色古艳的许多浮雕，心怦怦动，极力要设法进去一看而不可能。窟外数十丈的高壁上满雕着小佛像，不知其几千几百，功力之伟大，叹观止矣！

　　向西为第二大窟。这一窟，也在民居的屋后，保存得甚好。正中为一大坐佛，高亦在六十呎左右。两壁有二佛像，一立一坐，此二像的顶上，其"宝盖"却是雕成像戏院包厢似的，三壁的浮雕，也皆完好。

　　再西也为一大窟（第三窟）。正中一大佛为立像，高约七十呎，体貌庄严之至。袈裟半披在身上；而袈裟上却刻了无数的小佛像，像虽小而姿态却无粗率草陋者。两旁有四立佛。东壁的二立佛间，诸雕像都极隽好。特别是一个披袈裟而手执水瓶的一像，面貌极似阿述利亚人，袈裟上的红色，至今尚新艳无比。这一像似最可注意。

　　窟门口的西壁上，有刻石一方，题云："大茹茹……可登□□斯□□□鼓之□尝□□以资征福。谷浑□方妙□。"每行约十字，共约二十余行，今可辨者不到二十字耳，然极重要。大茹茹即蠕蠕国。这在魏的历史上是极重要的一个发现。蠕蠕国竟到云冈来雕像求福，这可见此地在不久时候，便已成了东亚的一个圣地了。

再西为第四大窟，破坏最甚。一大佛盘膝而坐，曝露在天日中，左右有二大佛龛，尚有一二壁的浮雕还完好。因为此处光线较好，故游人们都在此大佛之下摄影。据说，此像最高，从顶至通，有七十尺以上。

再西为第五大窟，亦有一大坐佛，高约六十尺，东西壁各有一立佛。西边的一佛已被毁去。

由此再往西走，便都是些小像小龛了。在那些小龛小像里，却不时的可发现极美丽的雕像。各像坐的姿态，最为不同，有盘膝而坐者，有交膝而坐者，有一膝支于他膝上，而一手支颐而坐者，处处都是最好的雕像的陈列所。惜头部被窃者甚多，甚至有连整个小龛都被凿下的。

到了碧霞宫止，中部便告了段落。碧霞宫为嘉庆十年所修，两壁有壁画，是水墨的，画得很生动。

颇疑中部的第五部分的相连续的五个大窟，便是昙曜最初所开辟的五窟。五尊大佛像是昙曜时所雕刻的，其壁上及前后左右的浮雕及侍像，也许是当地官民及外国人所捐助的，也未必是一时所能立即完全雕刻好。每一个大窟，其经营必定是很费工夫的。无力的或力量小些的人民，便在窟外雕个小龛，或开辟一小窟，以求消灾获福。

西部是从碧霞宫以西直到武周山的尽西头处。山势渐渐的向西平衍下去，最西处，恰为武周河的一渠所拥抱着。

这一路向西走，共有二十多个洞窟，规模都不甚大。愈向西走，愈见龛小，且也愈见其零落，正和东部的东首相同。故以中部的第三部分，假设为昙曜最初所选择而开辟的五窟，是很有可能的，那地位信在正中。

西部的二十余窟，被古董贩子析去佛头不少。几个较好的佛窟，又都被堵塞住了，而以"内有手榴弹"来吓唬你。那些佛像，有原来的色彩尚完整存在者。坐佛的姿势，隽好者不少。立像的衣襞，有翩翩欲活的。在中段的地方，一连四个洞，俱被堵塞，而标曰"内有手榴弹"。西部从罅中望进去，那顶壁的色彩是那样的古艳可喜！

西邻为一大窟，土人说，内为一石塔。由外望之，顶壁的色彩也极隽美。再西有一佛龛，佛像已为风雨所侵剥，而龛上的悬帱却是细腻轻软若可以手揽取。

再西的各小窟及各龛则大都破败模糊，无足多述。

这样的匆匆的巡览了一遍，已经是过了一整天，连吃午饭的时间都忘记了。

把云冈诸石窟的大势综览了一下，如以中部的第五部分为中心，则今日的大佛寺、五佛洞和东部的大佛图的遗址，都是极宏大的另成段落的一部分。

高到五十呎至七十呎的大佛，或坐或立的，计东部有一尊，中部的大佛寺有一尊、五佛洞现存二尊域当有三尊（一尊已毁）。连同中部的第五部分五尊，共只有九尊或十尊。《山西通志》所谓十二龛及一说的所谓的二十尊，都是不可靠的。

这一夜终夜的憧憬于被堵塞的那几个大窟的内容。恰好，第二天，赵司令来到了别墅。我们和他商议打开洞门的事。他说："那很容易，吩咐他们打开就是了。"不料和看守的巡长一商量，却有许多的麻烦。非会同大同县的代表、古物保管会的代表及本地的村长村副眼同打开，眼同封上不可。说了许久，巡长方允召集了村长村副去打开洞门，先打东部"石窟寒泉"的一洞。他们取了长梯，只拆去最高的墙头的一段。高高的站在梯头向下望，实在看不清楚。跳又跳不下去，这洞内是一座石塔，塔的背后有佛像。因为忙乱了半天，还只开了一个洞，便只好放弃了打开西部各洞的计划，一半也因为打开了，负责任太大。

13日的下午，一吃过饭，便到武周山的山顶上去闲逛。从云冈别墅的东首山路走上去，不一会便到了"云同东冈龙王庙斗母宫"，其中空无人居。过此，走入山顶的大平原。这平原约有数十顷大小，上有和尚的坟塔三座：一为万历时的，一为康熙时的，其一的铭志看不清了。有农人在那里种麦种菜，我们又向西走，进入云冈堡的上堡，堡里连一间破屋也没有，都夷为菜圃麦田，有一人裸了全身在耙地。望见远山上烽火台好几座绵延不断，前后相望。大概都是明代所建的。

再向西走，到了玉皇阁，那也是一个小庙，空无人居。由此庙向下走，下了山头，便是武周河边。"断岸千尺，江流有声"，正足以形容这个地方的景色。

下午4时，动身回大同，仍坐的载重汽车。大雨点已经开始落下，但不久便放晴。下了不过十多分钟的雨，不料沿途从山上奔流下来的雨水却成了滔滔的洪流，冲坏了好几处的大道。汽车勉强的冒险而过。到了一个桥边，山洪都从桥面上冲下去，激水奔腾，气势极盛，成了一道冲流的大瀑布，轰轰隆隆之声，震撼得人心跳。被阻在那里，二十多分钟，这道瀑布方才势缓声低，汽车才得驶过。

没有经过这种情形的，简直想不到所谓"山洪暴发"的情形是如何的可怕。

过了观音堂，汽车本来是在干的河床上走的，这次却要在急水中走着了。

7月13日夜

139

27．清田村游记

● 瞿秋白

游　侣

托尔斯泰的邸宅，所谓清田村（YasnayaPoliana），离莫斯科约四百余里，革命时还保存得完完全全，现在归教育人民委员会经管，已改作托氏邸宅陈列馆，另设一事务所管理它。托氏幼女亚历山大为陈列馆事务所的主任。苏维亚·托尔斯泰女士曾屡次邀我们去游。这次刚好莫斯科教育厅第一试验模范学校有一班学生读托氏文学事迹后，特赴清田村旅行游览，我们趁此专车一同前往。

游侣小学生二十余人，女教员二人，一德维里（Tver）人——老者，托氏亲戚嘉德琳等数女士，一少年；此外还有一所谓"苏维埃小姐"顺路趁便车回家乡，她对我们说："我在嘉里宁那里办事。嘉里宁！你知道么？现在我们最大的伟人，全俄中央执行委员会会长。……"

我们三十多人同坐一辆专车。十三日晚我同宗武乘月到苦尔斯克车站，会着学生旅行队，他们都很高兴，一同上车，十四日一早到都腊（Tula）车站。由此到清田村不满四十里地，火车忽然停住，派人上去交涉半天毫无影响。我们因此下车散步，宗武还替学生队在车旁照了一张照片。当时托氏亲戚等得心焦，先下车步行前去。我们闲着无事，因和德维里老者谈天。他是一个托尔斯泰派，此来也是特为趁车进谒托氏遗泽的。他是德维里地方一牛奶坊协作社的职员，那地从新经济政策实行以来，协作社已经由德维里省经济苏维埃出租于私人，不比国立时候了，——从此工人生活还要职工联合会来整顿呢。老者谈吐朴实，是中下社会的人，蔼然可亲，俄国风度非常之盛，谈及托氏主义，那一种宗教的真诚，真也使人敬仰俄罗斯民族的伟大，宽洪，克己，牺牲的精神，"第一要知道怎么样生活，人生的意义，唔，操守，心地……"谈及历年经过，不胜感喟的说。

　　——唉！俄国人根性就是无政府的。二月革命后，农民间无政府党非常之盛，反对克伦斯基政府急激得不了。比如北部诸省，就是十月革命后还延长许多时候才平定的，至今时起消极的抗拒，所谓人民委员，去都不敢去呢。那十月十一月时布尔塞维克"面包与和平"的口号，反对与德战争，大得全国农村的同情。后来才明白，军事不是空口停得的，都市里人也是要面包吃的……说起当时的政情来！唔！我们不谈共产党的政策。单说克伦斯基，他哪里是一政治家，更不是政客……谁知"自由与土地"的口号，呼号的那么高，"只听楼梯响，不见人下来，"谁知道他是一个"好人"呢。农民要土地，不是要社会革命党党纲的宣言书——是要实实在在的田地，没有什么神妙科学！他真不过是一个空想的智识阶级，譬如开国会问题，延长又延长，在那种政潮的时候！可见他丝毫政治作用都不懂得呵。说起智识阶级来，——你知道俄国几十年来的潮流？——革命之中智识阶级负罪不小。俄国人的心念中，智识阶级向来和普通平民分得清清楚楚，革命初起，他们就已谈什么宪法，国会，人民看得他们和皇上一样的高高在上。等到事情急了，他们又都抛弃了人民逃到外国去了，——不来帮着人民共负大业。怪不得无产阶级也走极端。那几月风潮汹涌的当口，看见带眼镜的人都指为智识阶级，怠工者，拼命排斥，于是智识阶级更逃得厉害，至今弄得要人办事的时候，人手又太少了。

　　我问现时俄国的宗教怎样，像托氏学说，传布得深远么？

　　——宗教么？俄国人是有名的宗教民族。一派市侩式的教堂宗教本是迷信，就是托尔斯泰派也很反对他的。革命前社会运动中反对教堂，以及绝对的否认宗教，本是很甚的。现在呢，政府和教堂分离了，宗教，及有宗教色彩的学说，未免大受打击。无意识的群众、农民却又起心理的反动，更去迷信起教堂来……托尔斯泰派呢，绝对不问政治，不过一种讲学的道德的宣传罢了，"人应当知道怎样生活"，唔！我这次有事到莫斯科，见着白尔嘉诺夫，据说在清田村组织了一托氏派公社，所以特地去参观参观。听说这一公社组织得太晚了些，——现在新经济政策一行，一切都本商业办法，一切农具牛马，种籽，都要买去，那里来许多钱呢？要是早得半年，虽说是"军事的共产主义"，却一定可以得到政府帮助，——集体组织，公共事业向例共产党还算赞助的……

我们在站等到晚上八点钟才开车离都腊。——"都腊"这一字俄文原意为"拦阻"，据说当时鞑靼人从南进攻莫斯科，追到此地，俄国人藉此地的森林，乱斫柴木堆积成山，以挡鞑靼的来路，所以称做都腊，近代却是出产"自暖壶"的名城。

到清田站的时候，已经晚上九十句钟，不能到托氏邸宅去，

——托氏邸宅离站约六里。我们两人和小学生同住站边一旧别墅中，别墅虽破旧，小小几间木屋，却也清雅，当天晚饭时，学生旅行队所带干粮牛乳还很殷勤的请我们吃。小学生嬉笑天真神态真使人神往。晚上将就在板床一宿。清早四时即醒，早饭前又替学生照了一相。问起那德维里老者来，说昨晚早已往公社去了。

托尔斯泰邸宅

秋云微薄，桦林萧瑟的天气，自清田站步行，向托氏邸宅行来。小桥转侧，树影俯窥溪流，水云映漾，轻步衰草上，如天然的氍毹，心神散畅，都市心绪到此也不由得不自然化了。转向北，直望大道，两旁矗立秋林，红叶斑斓，微风偶然奏几阕仙乐；遥看草间车辙，直

行远山，有如川流——旷阔的村路一变而成"流水道"影。黯淡秋云，却时时掩隐薄日，日影如伞盖迎人，拂肩而过。偶然见一二农夫乘着大车，纵辔遄行，赶着马，"嘟嘟嘟"飞掠而过。抵托氏邸宅栅门，就见中世纪式半垒；——这邸宅原是托氏母家复尔广斯基王爵的遗产，地主制度的遗迹还可以看得见。进栅门后，转侧行数十步，遥隔花棚已见托氏宅，犬吠声声报客至，宅中人有出来探望的呢。

一进宅门，前室中就见五六架书橱，上楼时亚历山大出迎，指示解释室中陈设，说是托氏死后一切设置都还仍旧丝毫未动呢。两间图书室，也满放书橱，托氏生时屡次想整理一大间，专设图书室，始终以邸宅太小没有成功，所以散置楼上楼下，如今还是仍旧。看一切陈设，托氏生前的生活确很朴素，——贵族生活如此却也在意想之外。就只饭厅里有一钢琴，四壁挂着画像，——有名画家联萍的托氏像。再转往东有一小过室——读书一周记室，一小圆桌，上放《读书一周记》，托氏生时每早起先到此室，记日记语录数则后，才出去吃早饭呢。进一间就是书房，满架书籍，而突然投入我们眼帘的却是几个中国字，——原来是芝加哥出版的汉英对照老子《道德经》；书桌上文具很简陋；有一大块碧晶石，上刻金字，是托氏被希腊教堂除名时，马尔切夫斯基工厂工人公送托氏的贺礼；壁间满挂照相，托氏世代的遗像，安德莱·托尔斯泰夫人苏菲亚女士的母亲，指示我些托氏兄弟伯叔的照相，中一框空着，据说，是托氏叔，因酗酒赌博，堕落子弟，所以除去，不使和诸兄弟相并而立。还有美国人克洛斯倍（Crosby）的肖像，他是美国候补总统，特来谒托氏，托氏劝他一番，他居然放弃候选之职，从此和托氏为至友。再进便是托氏卧室。

小小一间屋子，床头小几上还放着烛台，半枝残烛——托氏出走那天，半夜起来所点的最后一枝烛。床前窗下一小桌，屋角一洗脸架，旁有一马鞍，如此而已。壁间却有一托氏夫人芳年时的肖像，——不愧为名美人呢。

参观时，大家——小学生，教员及德维里老者都格外注意托氏出走轶事，频问亚历山大。亚历山大说：

——你们看这样的家庭布置，就是三十年前也算不得奢侈，然而我父亲晚年，时时刻刻总觉不安心，屡次想出走抛弃一切。再加之家庭恶剧，我母亲处处阻挠他的计划，如分地与农民等事。历此忏悔之心益切，也不得不走了。那天晚上，二句钟起，下楼叫我，同整理行装，叮嘱千万不告家人。父亲走时只肯带得最要紧几件物事，一切奢侈品都不肯用，还是我强勉把一手携灯纳在袋中……唉！你们不知道托氏晚年，心灵之经受多痛苦呵！

参观的小学生都很感动。当时他们散去，到托氏墓前并公社游览。

我们出来，安德莱夫人请我们再周观一次，宗武照了好几张照相，——中有一托氏生时之榻。安德莱夫人又说：

你们还到楼下一看。那里有托氏早年时的书室呢。

楼下书室中，安德莱夫人还指示我们看一小栋，是当托氏初起忏悔，屡思自缢之处。

俄罗斯的农家

天色忽然阴沉，微有雨意，安德莱夫人说恐雨后不能出游，趁此时散步一周，再回来吃饭。

从后院走出，院中一大树，漫散四出，残叶时坠，安德莱夫人指着说，托氏生时每每坐此树下招待贫农谈话，村人都称此树为"贫者树"。出院后，一带果树，绕小径出去，经托氏宅前草场，入疏林蹊路，到托氏墓前，林中有一树椅，托氏散步时，常常坐此休息。我们在托氏墓前，看着小学生用落叶穿成一圈挂托氏墓上。满天湿云飞舞，瘦叶时时经风细吟，一仰首满目清朗，乡野天地，别有会心，托氏的遗泽更使人想起古人浑朴的天性，和此自然相交洽。

返托氏家午膳。托氏妻妹，托氏幼女亚历山大，托氏媳安德莱夫人，还有一中年妇人——托氏亲戚，及一老者——旧时军官，因托氏一语而弃职归田的，他们有的是教育人民委员会所委任，有的是借住于此，大家聚齐吃饭，殷勤问及中国政象，老子学说等。

饭后安德莱夫人又约游园。法国式的芳径，树木夹路，秋末残叶满地，踏步行来胜于毡茵。小池一角清漪如画，那时已萧萧微雨，浪纹都画秋痕。我问安德莱夫人乡居如何，为什么比在莫斯科时越发清瘦了？安德莱夫人说，乡居也不过因为有事罢了，此间人愚蠢，无可谈心，未免焦闷。"你看，那些人，老军官现在已反成希腊教徒，我们两位亲戚女太太们，成天的骂革命政府，俄国平民对着他们都有罪似的，——难道这是托尔斯泰的主义？……"所以他说很乏味，在乡间住着，说还是偶然到农民家去走走，倒可散心。

我们谈着话，信步行来已出托氏栅门，远望三五村落，烟雨迷闷，一片秋原寥落的光景。

安德莱夫人道：

——可惜今天天气如此，不然，还可以同你们到田间一散步呢，我们现在且到那边儿家一坐，一看俄罗斯的乡间生活。

我们走过两畦到一木屋，小小巧巧四五间，也有电灯，玻璃窗……安德莱夫人笑着高声说：中国人来访"俄国农夫"了。

——呀，远客来了！——只见一农家女掀布帘出来，——原来中国人也来看俄国乡下人呢，……我们此地近着地主邸宅，向来比寻常农民讲究些，新近装了电灯……啊呀，天气不好，不然诸位可到那边村庄看一看，纯粹的俄国生活。请坐请坐。

安德莱夫人和我们介绍相见，女主人是以前托氏的农奴，还有一位客是安德莱夫人以前的陪嫁丫鬟。坐着吃了几口茶。屋中板桌板凳，屋角挂着希腊教神像，壁上居然有一张半新不旧的油画。四间住房，后面一小小院落，牛羊的兽栏，草仓。四间屋之间，一火炉制在墙壁里，一面临门处有铁板，中可烤面包煮菜；炉顶高及屋梁，上铺床铺。女主人指着炉子道：

——你们中国没有这样炉子罢！呵，冬天冷的时候，才好呢。睡在炉顶上，深夜时分，满身裹得紧紧，烘得暖暖的，将睡未睡的时候，拥着枕头，听着屋顶风暴绞雪，"呼……呼……呼"——真有趣呢。

托尔斯泰派公社

自农家出来，顺路到公社一游。

"托尔斯泰派都是非常之有道德的人，可是大概不是务实的人，经营事业，没有经验。"——是嘉德琳女士和我在莫斯科谈的。现在我亲见托氏派的公社了。他们见我去，非常之欢迎，谈及中国托氏运动，恶战的风俗等等。

据说，托氏派抗拒征调往往被捕，出狱后大家组织起来，仍决然不去当兵，得了教育委员会允许在此组织一公社经济，——田地就用托氏遗产分给农民后所余的。现时社员大约十八九人。有麦田四十七俄亩菜圃二俄亩，另有三十五俄亩果园，中有一半与村农共有的……其余产业还有马六匹，牛七匹，羊十头，一年的生产，预算当可足用，今年还是第一年。社员男女都有，都自己下田工作，——只有农忙时可以雇人，——女社员还缝工织网。

恬静的生活，一切"人间乐"都抛弃。劳作的神圣，自然的怡养固然胜似他百倍。

生产品完全公有，各取所需……今年第一年的成绩还未见出。每年只公付国家五十铺德的食粮税，其他一切自由，几与外界绝无系连。

彼此谈着非常有兴，临走时还说：

——今天下雨，上站晚上简直走不得，我们借一匹马给你们……

那天深夜，我们走之前，公社中还特派一人送面包及豆来，殷勤诚意，使人感动。

清田村之残梦

托尔斯泰邸宅的饭厅里，窗上已乱投秋林晚色，我们望着，正吃过晚饭之后，等着车子，预备返站。

桌上的自暖壶嘶嘶的响着，沸沫细吟，偶破一室的岑寂。老年的贵妇人——托氏妻妹，坐在桌旁做着女工，他的孙子，天真活泼的小孩子默然静坐在那里读龚察洛夫（Gontcharoff）集，还有一中年妇人——托氏亲戚闲坐读旧杂志。我偶然问那小孩读书几年了。托氏妻妹回道：

——他？他读的书不少，一直在家里，没进学校，——现在的苏维埃学校，……哼。

他说完忽看见小孩子一面看书，一面手里玩着纸牌呢，掀一掀眼镜，欣欣然抬起双眉，暗中流露那贵族派调的礼貌，他问：

——呀！你们中国有赌具么？我非常之爱玩，你知道，我巴黎时一夜输多少！——少年妇人插嘴道："呵！他年轻时才爱赌呢。"中年妇人见我们闲着无事，拿出一大盒照相，托氏当年家庭亲友的肖像，克留摩的风景，末后指着一张学生模样的照片说："这是我的儿了，唉！真伤心呵！革命时被可恶的布尔塞维克杀了。我们家许多房舍，邸宅，田地一概弄光了。我还坐过三个月牢狱呢，……呵哎……"托氏妻妹忽然向中年妇人道：

——现在，革命之后，什么事都翻过天地来了。你昨天用心没有，某小姐和那一少年，还有几位，唔，都是年轻女郎，挤坐一张沙发上，一点嫌疑，礼貌也不顾。——正说话时一女郎走来，托氏妻妹起初愣了一愣，仍接下笑着说道：

——不怕你恼，小姐，"说到曹操，曹操就到"，我们正在说你呢。

147

那女郎看着我们，很不好意思似的，半晌才说道：

——怎么为这样的事发恼呢，我们正盼望有人指教呢……——说着，口齿渐渐模糊，底下的几个字都吞在肚子里去了。

——哎唷唷！现在风俗不成话了。男女同学！男女同学！你们还不知道，现在中学校里男女学生成了什么样子呢！近廿年来的新教育！——中年妇人接着说道：

——你可不要冤枉人，他们几个小姐，倒都不是中学校出身，是受家里的贵族教育。

——可不是！生来世道人心如此，有什么法想。我们年轻时，不用说实际上，哪怕没有一件两件风流奇闻，可是终还顾着脸子。我就不懂，怎么一二十年变成这样的世界！

——说来也奇怪，为什么在英法"男女同学"就不要紧，我们俄国却不行？

我听着禁不住插嘴道：

——那又更奇怪，我们中国也是这样说："为什么在外国就不要紧，一到我们中国就不成样子。"

车马预备好了，我们同几位女郎一同坐车往车站去。秋夜雨过，马蹄得得，仰看着流云走月，光芒四射；雨余小寒，凝露满裳，也和清田村中贵族的残梦似的，勉强固结"旧时代的俄国"。

清田村当革命怒潮时，农民中的少壮，哄哄俗动，要瓜分托氏财产田地；老年人念托氏的遗德，不忍动手；后来还是中央政府派员保护了这历史的伟迹。

大学生

十五日晚，本来说晚上二时开车，我们赶到车站，睡下，——一觉醒来，仍旧是清田站。早起奇饿，德维里老者约着下站一行，同到前天过宿的别墅中。和看别墅的农夫商量着，请他去买了些牛乳，煮些马铃薯，就在农夫屋里烧着自暖壶喝茶。主人殷勤询问中国生活。谈及托尔斯泰，主人还说：

我是托尔斯泰初办学校里的小学生，我还会算加减乘除呢！

主人儿子坐在一旁，手里拿一本俄文启蒙读本，我问他要了看一看，因问现在农村学校怎么样。据说，每天小孩子都去上学，不要学费，"上半天去下半天就回来了！"学习算学，俄文。我试和那小孩子谈谈，小孩子很害臊似的，宛然一中国"乡下孩子"。德维里老者还问许多托氏生时的轶事。主人忽道：

——那又怎么样？托尔斯泰生时，我们去总还有许多书，——我们得了又读着，又卖几个钱。要帮助却难了，有熟人去，一块两块卢布，平常三角五角。

自暖壶水沸了，女主人倒茶给我们，咕噜着道：

——托氏自己是很要帮助人的，都是他夫人横在里面……

我问道：

——革命时，你们分着多少地呢？

——一亩半田。这两年勉强还够。今年又有什么"食粮税"，我们也担负轻些，——一年付三分之一，十二铺德。生活要说宽余是说不得呢。我们革命前也从没见过三块卢布以上的钱。现在罢，管着别墅，每月经亚历山大·托尔斯泰的手，由教育委员会得八九十苏维埃卢布，——算得什么，几角钱！

说着话，宗武也从车上带着照相机来了。主人又请他照了一相。村里小孩有的嚷："来看美国照相机呵！……"我笑向宗武说：

——再想不到中国人到了乡间，变成了西欧文明的宣传者。

主人还说，现时到城里去照一相，出一个月的薪水也不够呢。他又很热烈的送我们走，一面说道：

——我们这两天吃的面包都不够。公社里剩的面包，——现在可以出卖了，——我们去买也得出四五千钱一斤。他们都是大学生，虽说什么集合生产，究竟不大会种田。那四五十亩田，据我看来，还不如分给我们小农好些……唉！穷人还是穷，富人还是富……

我们回到车上已是十点多钟。十一点开车，到了都腊，不知怎的又停住了。天色阴沉，又不能下车散步，沉闷得很。回想此游所见，历历犹在心头，一见俄国乡间生活，也有无限感触。

一直等到晚上九点钟，才从都腊开车。

归途

一辆车中，暖暖的炉火，暗暗的车窗，笑语呼吸声中，隐隐的画出三幅杂色斑斓的奇画。——三种不同的文化：

车的南头，坐着几位清纯修洁的女郎，文秀的俄国少年，生意活泼，——都是托氏一家的亲友，贵族的遗裔，——可是他们现时虽已尽成平民，苏维埃机关的办事员，学校的大学生，而贵族式"目不顾人"的派调，无意之中隐隐流露。只听着谈笑自如，深夜起坐，"呀！我一把梳子忘在乡下了，……""马丽答应借普希金集给我，临走时又忘了。"叽叽喳喳笑语不断。

车中间坐着两位中国人，天色已黑，又不能看书，只是默默的坐着，守那东方式的规矩，偶然有人请他们吃马铃薯，还回说："谢谢，不要……不用客气，自己请罢。……"

车的北头，学生旅行队占着，傍晚的时候，男学生取柴，烧炉子，女学生洗碗盏。车开之后，大家围坐猜谜，说笑。十时余，教员说"可以睡觉了"，过不了二十分钟，小学生都已声息俱无。

只听车行震荡，渐渐往莫斯科去。晚上一二时光景，车南头忽然烛光一亮，又听得低低谈话，过了几分钟，嬉笑声浪，渐渐放纵。猛听得一小孩子声音说道：

——天晚了，人家要睡觉。请显些文化较高的身份出来……

突然烛影寂灭，车中又只听得均匀的轮轴颤动了。偶然露出一句含糊不明的低语："谁也不是文化程度高的人……"轮声震厉，再往下也听不清楚了。

酣然一梦，醒来已抵莫斯科苦尔斯克车站。

晓霜晴日，伴着归人，欣欣的喜意，秋早爽健的气概送我们归寓。

清田村一游，令人畅心满意，托尔斯泰——世界的伟大文学家，遗迹芳馨。旧时代的俄国，——贵族遗风还喘息于草间，依稀萦绕残梦。智识阶级的唯心派，新村式的运动，也有稀微印象。俄罗斯的农家生活，浑朴的风俗气息，而经济上还深陷于小资产阶级。平民农夫与智识阶级之间的情感深种社会问题的根蒂，依然显露。智识阶级问题，农民问题经怒潮汹涌的十月革命，冲动了根底，正在自然倾向于解决。——新教育与旧教育的过渡时期。

此游感想如此，其他乡间秋色，怡人情性，农家乐事，更饶诗意，生活的了解似乎不在远处……

10 月 *18* 日。

28. 青岛

◉ 闻一多

海船快到胶州湾时，远远望见一点青，在万顷的巨涛中浮沉；在右边崂山无数柱奇挺的怪峰，会使你忽然想起多少神仙的故事。进湾，先看见小青岛，就是先前浮沉在巨浪中的青点，离它几里远就是山东半岛最东的半岛——青岛。簇新的，整齐的楼屋，一座一座立在小小山坡上，笔直的柏油路伸展在两行梧桐树的中间，起伏在山冈上如一条蛇。谁信这个现成的海市蜃楼，一百年前还是个荒岛？

当春天，街市上和山野间密集的树叶，遮蔽着岛上所有的住屋，向着大海碧绿的波浪，岛上起伏的青稍也是一片海浪，浪下有似海底下神人所住的仙宫。但是在榆树丛荫，还埋着十多年前德国人坚伟的炮台，深长的甬道里你还可以看见那些地下室，那些被毁的大炮机，和墙壁上血涂的手迹。——欧战时这儿剩有五百德国兵丁和日本争夺我们的小岛，德国人败了，日本的太阳旗曾经一时招展全市，但不久又归还了我们。在青岛，有的是一片绿林下的仙宫和海水泱泱的高歌，不许人想到地下还藏着十多间可怕的暗窟，如今全毁了。

堤岸上种植无数株梧桐，那儿可以坐憩，在晚上凭栏望见海湾里千万只帆船的桅杆，远近一盏盏明灭的红绿灯漂在浮标上，那是海上的星辰。沿海岸处有许多伸长的山角，黄昏时潮水一卷一卷来，在沙滩上飞转，溅起白浪花，又退回去，不厌倦的呼啸。天空中海鸥逐向渔舟飞，有时间在海水中的大岩石上，听那巨浪撞击着岩石激起一两丈高的水花。那儿再有伸出海面的站桥，却站着望天上的云，海天的云彩永远是清澄无比的，夕阳快下山，西边浮起几道鲜丽耀眼的光，在别处你永远看不见的。

过清明节以后，从长期的海雾中带回了春色，公园里先是迎春花和连翘，成篱的雪柳，还有好像白亮灯的玉兰，软风一吹来就憩了。四月中旬，奇丽的日本樱花开得像天河，十里长的两行樱花，蜿蜒在山道上，你在树下走，一举首只见樱花绣成的云天。樱花落了，地下铺好一条花蹊。接着海棠花又点亮了，还有踯躅在山坡下的"山踯

152

躅"，丁香，红端木，天天在染织这一大张地毡，往山后深林里走去，每天你会寻见一条新路，每一条小路中不知是谁创制的天地。

到夏季来，青岛几乎是天堂了。双驾马车载人到汇泉浴场去，男的女的中国人和十方的异客，戴了阔边大帽，海边沙滩上，人像小鱼一般，曝露在日光下，怀抱中是薰人的咸风。沙滩边许多小小的木屋，屋外搭着伞篷，人全仰天躺在沙上，有的下海去游泳，踩水浪，孩子们光着身在海滨拾贝壳。街路上满是烂醉的外国水手，一路上胡唱。

但是等秋风吹起，满岛又恢复了它的沉默，少有人行走，只在雾天里听见一种怪水牛的叫声，人说水牛躲在海角下，谁都不知道在哪儿。

29. 北海纪游

◉ 朱湘

九日下午，去北海，想在那里作完我的《洛神》，呈给一位不认识的女郎，路上遇到刘兄梦苇，我就变更计划，邀他一同去逛一天北海。那里面有一条槐树的路，长约四里，路旁是两行高而且大的槐树，倚傍着小山，山外便是海水了。每当夕阳西下清风徐来的时候，到这槐荫之路上来散步，仰望是一片凉润的青碧，旁观是一片渺茫的波浪，波上有黄白各色的小艇往来其间，衬着水边的芦荻，路上的小红桥，枝叶之间偶尔瞧得见白塔高耸在远方，与它的赭色的塔门，黄金的塔尖，这条槐路的景致也可说是兼有清幽与富丽之美了。我本来是想去那条路上闲行的，但是到的时候天气还早，我们就转入濠濮园的后堂暂息。

这间后堂傍着一个小池，上有一座白石桥，池的两旁是小山，山上长着柏树，两山之间竖着一座石门，池中游鱼往来，间或有金鱼浮上。我们坐定之后，谈了些闲话，谈到我们这一班人所作的诗行由规律的字数组成的新诗之上去。梦苇告诉我，有许多人对于我们的这种举动大不以为然，但同时有两种人，一种是向来对新诗取厌恶态度的人，一种是新诗作了许久与我们悟出同样的道理的人，他们看见我们的这种新诗以后，起了深度的同情。后来又谈到一班作新诗的人当初本是轰轰烈烈，但是出了一个或两个集子之后，便销声匿迹，不仅没有集子陆续出来，并且连一首好诗都看不见。梦苇对于这种现象的解释很激烈，他说这完全是因为一班人拿诗作进身之阶，等到名气成了，地位有了，诗也就跟着扔开了。他的话虽激烈，却也有部分的真理，不过我觉着主要的原因另有两个：浅尝的倾向，抒情的偏重。我所说的浅尝者，便是那班本来不打算终身致力于诗，不过因了一时的风气而舍些工夫来此尝试一下的人。他们当中虽然不能说是竟无一人有诗的禀赋、涵养、见解、毅力，但是即使有的时候，也不深。等到这一点子热心与能耐用完之后，他们也就从此销声匿迹了。诗，与旁的学问旁的艺术一般，是一种终身的事业，并非靠了浅尝可以兴盛得起来的。最可恨的便是这些浅尝者之中有人居然连一点自知之明都没有，他们居然坚执着他们的荒谬主张，溺爱着他们的浅陋作品，对于真正的方在萌芽的新诗加以热骂与冷嘲，并且挂起他们的新诗老前辈的招牌来蒙蔽大众，这是新诗发达上的一个大阻梗。还有一个阻梗便是胡适的一种浅薄可笑的主张，他说，现代的诗应当偏重抒情的一方面，庶几可以适应忙碌的现代人的需要。殊不知诗之长短与其需时之多寡当中毫无比例可言。李白的《敬亭独坐》虽然只有寥寥的二十个字，但是要领略出它的好处，所需的时间之多，只有过于《木兰辞》而无不及。进一层，我们可以说，像《敬亭独坐》这一类的抒情诗，忙碌的现代人简直看不懂。再进一层说，忙碌的现代人干脆就不需要诗，小说他们都嫌没有功夫与精神去看，更何况诗？电影，我说，最不艺术的电影是最为现代人所需要的了。所以，我们如想迎合现代人的心理，就不必作诗，想作诗，就不必顾及现代人的嗜好。诗的种类很多，抒情不过是一种，此外如叙事诗、史诗、诗剧、讽刺诗、写景诗等等那一种不是充满了丰富的希望，值得致力于诗的人去努力？上述的两种现象，抒情的偏重，使诗不能作多方面的发展，浅尝的倾向，使诗不能作到深宏与丰富的田地，便是新诗之所以不兴旺的两个主因。

我们谈完之后，时候已经不早了，我们便起身，转上槐路，绕海水的北岸，经过用黄色与淡青的琉璃瓦造成的琉璃牌楼，在路上谈了一些话，便租定一只小划船。这时候西北方已经起了乌云，并且时时有凉风吹过白色的水面，颇有雨意，但是我们下了船。我们看见一个女郎独划着一只绿色的船，她身上穿着白色的衣裙，手上戴着白色的手套，草帽是淡黄色的，她的身躯节奏的与双桨交互的低昂着，在船身转弯的时候，那种一手顺划一手逆划两臂错综而动的姿势更将女身的曲线美表现出来。我们看着，一边艳羡，一边自家划船的勇气也不觉的陡增十倍。本来我的右手是因为前几天划船过猛擦破了几块皮到如今刚合了创口的，到此也就忘记了。我们先从松坡图书馆向漪澜堂划了一个直过，接着便向金鳌玉𬟽桥放船过去，半路之上，果然有雨点稀疏的洒下来了。雨点落在水面之上，激起一个小涡，涡的外缘凸起，向中心凹下去，但是到了中心的时候，又突然的高起来，形成一个白的圆锥，上连着雨丝。这不过是刹那中的事。雨涡接着迅捷的向四周展开去，波纹越远越淡，以至于无。我此时不觉的联想起济慈的四行诗来：

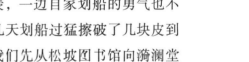

Ever let the fancy roam,

Pleasure never is at home

At a touch sweet pleasure melteth,

Like to bubbles when rain pelteth.

雨大了起来。雨点含着光有如水银粒似的密密落下。雨阵有如一排排的戈矛，在空中熠耀；匆促的雨点敲水声便是衔枚疾走时脚步的声息。这一片飒飒之中，还听到一种较高的声响，那就是雨落在新出水的荷叶上面时候发出来的。我们掉转船头，一面愉快的划着，一面避到水心的席棚下休息。

棹　歌

水　心

仰身呀桨落水中，

对长空；

俯首呀双桨如翼，

鸟凭风。

头上是天，

水在两边，

更无障碍当前。

白云驶空，

鱼游水中，

快乐呀与此正同。

岸　侧

仰身呀桨在水中，

对长空；

俯首呀双桨如翼，

　　　　鸟凭风。

　　　树有浓荫，
　　　葭苇青青，
　　野花长满水滨；
　　　鸟啼叶中，
　　　鸥投苇丛，
蜻蜓呀头绿身红。

　　　　风　朝

仰身呀桨落水中，
　　　对长空；
俯首呀双桨如翼，
　　　鸟凭风。

　　　白浪扑来，
　　　水雾拂腮，
　天边布满云霾；
　　　船晃得凶，
　　　快往前冲，
小心呀翻进波中。

　　　　雨　天

仰身呀桨落水中，
　　　对长空；
俯首呀双桨如翼，
　　　鸟凭风。
　　　雨丝像帘，
　　　水涡像钱，

一片缭乱轻烟；

雨势偶松，

暂展朦胧，

瞧见呀青的远峰。

春　波

仰身呀桨落水中，

对长空；

俯首呀双桨如翼，

鸟凭风。

鸟儿高歌，

燕儿掠波，

鱼儿来往如梭；

白的云峰，

青的天空，

黄金呀日色融融。

夏　荷

仰身呀桨落水中，

对长空；

俯首呀双桨如翼，

鸟凭风。

荷花清香，

缭绕船旁，

轻风飘起衣裳；

菱藻重重，

长在水中，

双桨呀欲举无从。

秋　月

仰身呀桨落水中，
　　　对长空；
俯首呀双桨如翼，
　　　鸟凭风。
　　月在上飘，
　　船在下摇，
　何人远处吹箫？
　　芦荻丛中，
　　吹过秋风，
水蚓呀应着寒蛩。

冬　雪

仰身呀桨落水中，
　　　对长空；
俯首呀双桨如翼，
　　　鸟凭风。
　　雪花轻飞，
　　飞满山隈，
　飞向树枝上垂；
　　到了水中，
　　它却消溶，
绿波呀载过渔翁。

雨势稍停，我们又划了出来。划了一程之后，忽然间刮起了劲风来，风在海面上吹起一阵阵的水雾，迷人眼睛，朦胧里只见黑浪一个个向我们滚来。浪的上缘俯向前方，浪的下部凹入，真像一群张口的海兽要跑来吞我们似的，水在船旁舐吮作响，船身的颠摇十分厉害，这刻的心境介于悦乐与惊恐之间，一心一目之中只记着，向前划！向前划！虽然两臂麻木了，右手上已合的创口又裂了，还是记着，向前划！

上岸之后，虽然休息了许久，身体与手臂尚自在那里摆动。还记得许多年前，头一次凫水，出水之后，身子轻飘飘的，好像鸟儿在空中飞翔一般，不料那时所感到的快乐又复现于今天了。

吃完点心之后（今天的点心真鲜！），我们离开漪澜堂，又向对岸渡过去，这次坐的是敞篷船。此刻雨阵过了，只有很疏的雨点偶尔飘来。展目远观，见鱼肚白的夕空渲染着浓灰色以及淡灰色的未尽的雨云，深浅不一，下面是暗青的海水，水畔低昂着嫩绿色的芦苇，时有玄脊白腹的水鸟在一片绿色之中飞过。加上天水之间远山上的翠柏之色，密叶中的几点灯光，还有布谷高高的隐在雨云之中发出清脆的啼声，真令人想起了江南的烟雨之景。

上岸后，雨又重新下起来。但是我们两人的兴却发作了，梦苇嚷着要征服自然，我嚷着要上天王殿的楼上去听雨。我们走到殿的前头，瞧见琉璃牌楼的三座孤门之上一毫未湿，便先在这里停歇下来。这时候天已经黑了，我们从槐树的叶中可以看得见天空已经转成了与海水一样深青的颜色，远处的琼岛亮着一片灯光，灯光倒映在水中，晃动闪烁，有波纹把它分隔成许多层。雨点打在远近无数的树上，有时急，有时缓。急时，像独坐在佛殿中，峥嵘的殿柱与庄严的佛像只在隐约的琉璃灯光与炉香的光点内可以瞧见，沉默充满了寺内殿堂，寂静弥漫了寺外的山岭。忽然之间，一阵风来，吹得檐角与塔尖的铁马铜铃一个断的响，山中的老松怪柏谡谡的呼吼，杂着从远峰飘来的瀑布的声响，真是战马奔腾，怒潮澎湃。缓时，像在一座墓园之内，黄昏的时候，鸟儿在树枝上栖息定了，乡人已经离开了田野与牧场回到家中安歇，坟墓中的幽灵一齐无声的偷了出来，伴着空中的蝙蝠作回旋的哑舞；他们的脚步落得真轻，一点声息不闻，只有萤虫燃着的小青灯照见他们憧憧的影子在暗中来往；他们舞得愈出神，在旁观看的人也愈屏息无声，最后，白杨萧萧的叹起气来，惋惜舞蹈之易终以及墓中人的逐渐零落投阳去了；一群面庞黄瘦的小草也跟着点头，飒飒的微语，说是这些话不错。

雨声之中，我们转身瞧天王殿，只见黑魆魆的一点灯火俱无，我们登楼听雨的计划于是不得不中止了。我们又闲谈起来。我们评论时人，预想未来，归根又是谈到文学上去。说到文学与艺术之关系的时候，我讲：插图极能增进读者对于文学书籍的兴趣，我们中国旧文学书中的插图工细别致，《红楼梦》一书更得到画家不断的为它装画。在西方这一方面的人材真是多不胜数，只拿英国来讲，如从前的克鲁可贤（Cruikshank），现代的毕兹雷（Beards-ley），又如自己替自己的小说作插图的萨克雷（Thacker-ay），都是脍炙人口的；还有文学与音乐的关系，我国古代与在西方都是很密切的，好的抒情诗差不多都已谱入了音乐，成了人民生活的一部分，新诗则尚未得到音乐上的人材来在这方面致力。

我们谈着，时刻已经不早了。雨算是过去了，但枝叶间雨滴依然纷乱的洒下，好像雨并没有停住一般。偶尔有一辆人力车拖过，想必是迟归的游客乘着园内预备的车，还偶尔有人撑着纸伞拖着钉鞋低头走过，这想必是园中的夫役。我们起身走上路时，只见两行树的黑影围在路的左右，走到许远，才看见一盏被雨雾朦了罩的路灯。大半时候还是凭着路中雨水洼的微光前进。

我们一面走着，一面还谈。我说出了我所以作新诗的理由，不为这个，不为那个，只为它是一种崭新的工具，有充分发展的可能，它是一方未垦的膏壤，有丰美收成的希望。诗的本质是一成不变万古长新的，它便是人性。诗的形体则是一代有一代的：一种形体的长处发展完了，便应当另外创造一种形体来代替；一种形体的时代之长短完全由这种形体的含性之大小而定。诗的本质是向内发展的；诗的形体是向外发展的。《诗经》，《楚辞》，何默尔的史诗，这些都是几千年上的文学产品，但是我们这班后生几千年的人读起它们来仍然受很深的感动，这便是因为它们能把永恒的人性捉到一相或多相，于是它们就跟着人性一同不朽了。

至于诗的形体则我们常看见它们在那里新陈代谢。拿中国的诗来讲，赋体在楚汉发展到了极点，便有"诗"体代之而兴。"诗"体的含性最大，它的时代也最长，自汉代上溯战国下达唐代，都是它的时代。在这长的时代当中，四言盛于战国，五古盛于汉魏六朝唐代，七古盛于唐宋，乐府盛的时代与五古相同，律绝盛于唐。到了五代两宋，便有词体代"诗"体而兴，到了元明与清，词体又一衍而成曲体。再拿英国的诗来讲，无韵体（blankverse）与十四行诗（sonnet）盛于伊丽沙白时代，乐府体（balladmeasure）盛于个十七世纪中叶，骈韵体（rhymedcouplet）盛于多莱登（Dryden）蒲卜（Pope）两人的手中。我们的新诗不过说是一种代曲体而兴的诗体，将来它的内含一齐发展出来了的时候，自然会另有一种别的更新的诗体来代替它。但是如今正是新诗的时代。我们应当尽力来搜求，发展它的长处。就文学史上看来，差不多每种诗体的最盛时期都是这种诗体运用的初期；所以现在工具是有了，看我们会不会运用它。我们要是争气，那我们便有身预或目击盛况的福气；要是不争气，那新诗的兴盛只好再等五十年甚至一百年了。现在的新诗，在抒情方面，近两年来已经略具雏形；但叙事诗与诗剧则仍在胚胎之中。据我的推测，叙事诗将在未来的新诗上占最重要的位置。因为叙事体的弹性极大，《孔雀东南飞》与何默尔的两部史诗（叙事诗之一种）便是强有力的证据。所以我推想新诗将以叙事体来作人性的综合描写。

两行高大的树影矗立在两旁，我们已经走到槐路上了。雨滴稀疏的淅沥着。右望海水，一片昏黑，只有灯光的倒影与海那边的几点灯光闪亮。倒是为了这个缘故，我们的面前更觉得空旷了。

我们走到了团城下的石桥，走上桥时，两人的脚步不期而然的同时停下。桥左的一泓水中长满了荷叶：有初出水的，贴水浮着；有已出水的，荷梗承着叶盘，或高或矮，或正或欹；叶面是青色，叶底则淡青中带黄。在暗淡的灯光之下，一切的水禽皆已栖息了，只有鱼儿唼喋的声音，跃波的声音，杂着漫长的水蚓的轻嘶，可以听到。夜风吹过我们的耳边，低语道：一切皆已休息了，连月姊都在云中闭了眼安眠，不上天空之内走她孤寂的路程；你们也听着鱼蚓的催眠歌，入梦去罢。

30. 山居杂缀

◉ 戴望舒

山风

窗外，隔着夜的蚌蠓，迷茫的山岚大概已把整个峰峦笼罩住了吧！冷冷的风从山上吹下来，带着潮湿，带着太阳的气味，或是带着几点从山涧中飞溅出来的水，来叩我的玻璃窗了。

敬礼啊，山风！我敞开门窗欢迎你，我敞开衣襟欢迎你。

抚过云的边缘，抚过崖边的小花，抚过有野兽躺过的岩石，抚过缄默的泥土，抚过歌唱的泉流，你现在来轻轻地抚我了。说啊，山风，你是否从我胸头感到了云的飘忽，花的寂寥，岩石的坚实，泥土的沉郁，泉流的活泼？你会不会说，这是一个奇异的生物！

雨

雨停止了，檐溜还是叮叮地响着，给梦拍着柔和的拍子，好像在江南的一只乌篷船中一样。"春水碧如天，画船听雨眠"，韦庄的词句又浮到脑中来了。奇迹也许突然发生了吧，也许我已被魔法移到苕溪或是西湖的小船中了吧……

然而突然，香港的倾盆大雨又降下来了。

树

路上的列树已斩伐尽了，疏疏朗朗地残留着可怜的树根。路显得宽阔了一点，短了一点，天和人的距离似乎更接近。太阳直射到头顶上，雨淋到身上……是的，我们需要阳光，但是我们也需要阴荫啊！早晨鸟雀的啁啾声没有了，傍晚舒徐的散步没有了。空虚的路，寂寞的路！

离门前不远的地方，本来有棵合欢树，去年秋天，我也还采过那长长的荚果给我的女儿玩。它曾经亭亭地站立在那里，高高地张开它的青翠的华盖一般的叶子，寄托了我们的梦想，又给我们以清阴。而现在，我们却只能在虚空之中，在浮着云片的青空的背景上，徒然地描着它的青翠之姿了。像这样夏天的早晨，它的鲜绿的叶子和火红照眼的花，会给我们怎样的一种清新之感啊！它的浓阴之中藏着雏鸟的小小的啼声，会给我们怎样的一种喜悦啊！想想吧，它的消失对于我是怎样地可悲啊。

抱着幼小的孩子，我又走到那棵合欢树的树根边来了。锯痕已由淡黄变成黝黑了，然而年轮却还是清清楚楚的，并没有给苔藓或是芝菌侵蚀去。我无聊地数着这一圈圈的年轮；四十二圈！正是我的年龄。

它和我度过了同样的岁月，这可怜的合欢树！

树啊，谁更不幸一点，是你呢，还是我？

失去的园子

跋涉的挂虑使我失去了眼界的辽阔和余暇的寄托。我的意思是说，自从我怕走漫漫的长途而移居到这中区的最高一条街以来，我便不再能天天望见大海，不再拥有一个小圃了。屋子后面是高楼，前面是更高的山，门临街路，一点隙地也没有。从此，我便对山面壁而居，而最使我怅惘的，特别是旧居中的那一片小小的园子，那一片由我亲手拓荒、耕耘、施肥、播种、灌溉、收获过的贫瘠的土地。那园子临着海，四周是苍翠的松树，每当耕倦了，抛下锄头，坐到松树下面去，迎着从远处渔帆上吹来的风，望着辽阔的海，就已经使人心醉了。何况它又按着季节，给我们以意外丰富的收获呢！

可是搬到这里以后，一切都改变了，载在火车上和书籍一同搬来的耕具：锄头、铁钯、铲子、尖锄、除草钯、移植铲、灌溉壶等等，都冷落地被抛弃在天台上，而且生了锈。这些可怜的东西！它们应该像我一样地寂寞吧。

好像是本能的，我不时想着："现在是种蕃茄的时候了"，或是"现在玉蜀黍可以收获了"，或是"要是我能从家乡弄到一点蚕豆种就好了"！我把这种思想告诉了妻，于是她就提议说："我们要不要像邻居那样，叫人挑泥到天台上去，在那里开一个园地？"可是我立刻反对，因为天台是那么小，而且阳光也那么少，给四面的高楼遮住了。于是这计划打消了，而旧园的梦想却仍旧继续着。

大概看到我常常为这种思想困恼着吧，妻在偷偷的活动着。于是，有一天，她高高兴兴地来对我说："你可以有一个真正的园子了。你不看见我们对邻有一片空地吗？他们人少，种不了许多地，我已和他们商量好，划一部分地给我们种，水也很方便。现在，你说什么时候开始吧?"

她一定以为会给我一个意外的喜悦的,可是我却含糊地应着,心里想:"那不是我的园地,我要我自己的园地。"可是为了不要使妻太难堪,我期期地回答她:"你不是劝我不要太疲劳吗?你的话是对的,我需要休息。我们把这种地的计划打消了吧。"

(选自《香岛日报》,1945年7月8日第2页)

31. 我们的太平洋

◉ 鲁 彦

倘若我问你:"你喜欢西湖吗?"你一定回答说:"是的,我非常喜欢!"

但是,倘若我问你说:"你喜欢后湖吗?"你一定摇一摇头说:"那里比得上西湖!"或者,你竟露着奇异的眼光,反问我说:"那一个后湖呀?"

哦,我所说的是南京的后湖,它又叫做玄武湖。

倘若你以前到过南京,你一定知道这个又叫做玄武湖的后湖。倘若你近来住在南京或到过南京,你一定知道它又改了名字了。它现在叫做五洲公园了,是不是?

但是,说你喜欢,我不能够代你确定的答复,如其说你喜欢后湖比喜欢西湖更甚,那我简直想也不敢这样想了,自然,你一定更喜欢西湖的。

然而,我自己却和你相反。我更喜欢后湖。你要用西湖的山水名胜来和我所喜欢的后湖比较，你是徒然的。我是不注意这些。我可以给你满意的答复："后湖并不像西湖那样的秀丽。"而且我还敢保证对你说："你更喜欢西湖，是完全对的。"但我这样的说法，可并不取消我自己的喜欢。我自己，还是更喜欢后湖的。

后湖的一边有一座紫金山，你一定知道。它很高。它没有生产什么树木。它只是一座裸秃的山，一座没有春夏的山。没有什么山洞。也没有什么蹊径。它这里的云雾没有像在西湖的那么神秘奇妙，不能引起你的甜美的幻梦。它能给你的常是寂寞与悲凉，浩歌与哀悼。但是，这样也就很好了，我觉得。它虽没有西湖的秀丽，它可有它的雄壮。

后湖的又一边有一座城墙，你也一定知道。这是西湖所没有的。在游人这一点上来比较，有点像西湖的苏堤。但是它没有妩媚的红桃绿柳的映衬。它是一座废堞残垣的古城。它不能给青年男女黄金一般的迷梦。你到了那里，就好像热情之神 Apollo 到了雅典的卫城上，发觉了潜伏在幸福背后的悲哀。我觉得，这样更好。她能使你味澈到人生的真谛。

但是我喜欢后湖，还不在这里。我对它喜欢的开始，这不是在最近，那已是十年以前的事了。

十年以前，我曾在南京住了将近半年。如同我喜欢吃多量的醋——你可不要取笑我——拌干丝一样，我几乎是天天到后湖去的。我很少独自去的时候，常有很多的同伴。有时，一只船容不下，便分开在两只船里。

第一个使我喜欢后湖的原因，是在同伴。他们都和我一样年青，活泼得有点类于疯狂的放荡。大家还不曾担上生活的重担，只知道快乐。只有其中的一位广东朋友，常去拜访爱人被取笑"割草"的，和我已经负上了人的生活的担子的，比较有点忧郁，但是实际上还是非常的轻微，它像是浮云一样，最容易被微风吹开。这几个有着十足的天真的青年凑在一起，有说有笑，有叫有唱，常常到后湖去，于是后湖便被我喜欢了。

第二个原因，是在船。它是一种平常的朴素的小渔船，没有修饰，老老实实的破着，漏的漏着。船中偶然放着一二个乡人用的小竹椅或破板凳，我们须分坐在船头和船栏上。没有篷，使我们容易接受阳光或风雨，船里有了四支桨，一支篙。船夫并不拘束我们，不需要他时他可以留岸上。我是从小在故乡的河里，瞒着母亲弄惯了船的，我当然非常高兴拿着一支桨坐在船尾，替代了船夫。船既由我们自己弄，于是要纵要横，要搁浅要抛锚，要靠岸要随风飘荡，一切都可以随便了。这样，船既朴素得可爱，又玩得自由，后湖便更被我喜欢了。

第三个原因是湖中的荠儿菜与荷花。当它们最茂盛的时候，很多地方几乎只有一线狭窄的船路。船从中间驶了去，沙沙地挤动着两边的枝叶，闻到清鲜的香气，时时受到叶上的水滴的袭击。它们高高地遮住了我们的视线，迷住了我们的方向，柳暗花明地常常觉得前面是绝径了，又豁然开朗的展开一条路来。当它们枯萎到水面水下的时候，我们的船常常遇到搁浅，经过一番努力，又荡漾在无阻碍的所在。有时，四五个人合着力，故意往搁浅的所在驶了去，你撑篙，我扯草根，想探出一条路来。我们的精力正是最充足的时候，我们并不惋惜几小时的徒然的探险。这样，湖中有了荠儿菜与荷花，使我们趣味横生，我自然愈加喜欢后湖了。

第四，是后湖的水闸。靠了船，爬到城墙根，水闸的上面有一个可怕的阴暗的深洞。从另一条路走到水闸边，看见了迸发的瀑布。我们在这里大声唱了起来，宛如音乐家对着海的洪涛练习喉音一样。洁白的瀑布诱惑着我们脱鞋袜，走去受洗礼，随后还逼我们到湖中去洗浴游泳，倘若天气暖热的话。在这里，我们的精力完全随着喜欢消耗尽了。这又是我更喜欢后湖的一个原因。

第五，最后而又最大的使我喜欢后湖的原因了。那就是，我们的太平洋。太平洋，原来被我们发现在后湖里了。这是被我们中间的一个同伴，一个诗人兼哲学家的同伴所首先发现，所提议而加衔的。它的区域就在离开水闸不远起，到对面的洲的末尾的近处止。这里是一个最宽广的所在，也是湖水最深的所在。后湖里几乎到处都有荽菜与荷花或水草，只有这里是一年四季露着汪洋的一片的。这里的太阳显得特别强烈，风也显得特别大。显然的，这里的气候也俨然不同了。我们中间没有一个人反对这"太平洋"新名字。我们都的确觉得到了真正的太平洋了。梦呵！我们已经占据了半个地球了！我们已经很疲乏，我们现在要在太平洋里休息了。任你把我们飘到地球的那一角去吧，太平洋上的风！我们丢了桨，躺在船上，仰望着空间的浮云，不复注意到时间的流动。我们把脚拖在太平洋里，听着默默的波声，呼吸着最清新的空气。我们暂时的静默了。我们已经和大自然融合在一起。还有什么比太平洋更可爱，更伟大呢？而我们是，每次在那里飘漾着，在那里梦想着未来，在那里观望着宇宙间的幻变，在那里倾听着地球的转动，在那里消磨它幸福的青春。我们完全占有了太平洋了……

够了，我不再说到洲上的樱桃，也不再说到翻船的朋友那些事，是怎样怎样的有趣，我只举出了上面的五点。你说西湖比后湖好，你可能说后湖所有的这几点，西湖也有，尤其是，我们的太平洋。

或者你要说，几十年以前，西湖的船，西湖的水草，西湖的水，都和我说的相仿佛，和我所喜欢的后湖一样朴素，一样自然。但是，我告诉你，我没有亲自看见过。当我离开南京后两年光景，当我看见西湖的时候，西湖已经是粉饰华丽得不像一个处女似的西子了。

"就是后湖，也已经大大的改变，不像你所说的十年前的可爱了。"你一定会这样的说的，是不是？

那是我承认的。几年前我已经看见它改变了许多了。

后湖的船已经变得十分的华丽，水闸已经不通，马路已经展开在洲上。它的名字也已经换做五洲公园了。

尤其是，我的同伴已经散失了：我们中间最有天才的画家已经睡在地下，诗人兼哲学家流落在极远的边疆，拖木展的朋友在南海入了赘，"割草"的工人和在后湖里栽跟斗的莽汉等等都已不晓得行踪和存亡了。我呢，在生活的重担下磨炼着，已经将要老了。倘若我的年青时代的同伴再能集合起来，我相信每个人的额上已经刻下了很深的创痕，而天真和快乐，也一定不复存在了。

然而，只要我活着，即使我们的太平洋填成了大陆，甚至整个的后湖变成了大陆，我还是喜欢后湖的。因为我活着的时候，我不会忘记我们的太平洋。

你说你更喜欢西湖。

我说我更喜欢后湖。

你喜欢你的西湖，我喜欢我的后湖就是。

你说西湖最好。

我说后湖最好。

你说你的，我说我的。

天下事，原来喜欢的都是好的，从没有好的都使人喜欢。

你说是吗？

32. 接触大自然

● 福井谦一

每当我回忆儿童时代，总要产生一种幻觉，耳边似乎又响起咣当咣当的电车声。

每次学校放假，我都要从大阪乘车，去奈良的外祖母家。外祖母家被群山环抱，自然气息浓郁，哺育了我幼小的心灵。从大阪出发，到西大寺车站，大约需55分钟时间。西山山麓有个小道池，它的南边有菖蒲池，外祖母家附近还有笼池、蒜池等，这些小池塘星星点点，均匀地点缀在山中。池水清澈碧透，成了我们忘情追逐小鲫鱼的胜地。第二天一早就飞出外祖母家，扛上今天已不多见的原始钓鱼竿，和弟弟们一起到池边钓鱼去了。

要是在夏天，嘴里还要塞满杨梅果，所以钓鱼时总鼓着腮帮子。有时我们也沿街北上，到京都府山田川的干谷去玩。当然，这种远足是非常累的。如果去爬山，就一定找个晴天，这样可以眺望远处的山脉。这些玩耍常使我忘掉时间，忘掉一切。

这竟是由我发现的！

我从小就有收集癖，和社会上的收集迷们一样，集邮、集火花等。比他们更进一步的是，这种癖好还被引向了大自然。我刚懂事时，就爱在家中院内，望着柔嫩的杂草幼芽发呆，并且把它们排列成行，独自欣赏。在别人看来，这样做似乎有些傻里傻气。上小学前，我的收集对象上了等级，由植物转向矿物。我永远忘不了曾在那里采集到一块树状沼铁矿石，它呈空心树枝状，是一种珍贵矿物。当我了解到它竟是沉到湖泊或沼泽里的木头上的铁矿石时，内心的激动再也按捺不住了。这块在我家附近的帝冢山丘陵地带采到的矿物，证明了远古时期这一带曾是水底。天啊！这竟是由我福井谦一发现的！

进小学后，我的收集爱好又转向了采集昆虫。在我家附近，一年四季都可以发现大金蟾那样珍贵的昆虫，还有至今在山地已经很难寻到的花黑斑蛱蝶。这种橙色和黑色对比鲜明的奇特蝴蝶因为是在我家后院捕到的，所以记忆犹新。

追溯往事，留下记忆的几乎都是小时玩耍中发生的事情，对于我，这些都是最重要的回忆，相比之下，对学习的回忆显得淡薄多了。一般说，我绝不认为自己是不认真学习的学生，然而就是在小学，我关心的也不是课堂上的学习，而是一些课外的事。自己出生在自然环境包围下的土地上，从小就有机会和大自然打交道，这对培养灵感、培养对科学的直觉，影响极大。

在我的记忆中，父母一次也不曾对我们使用过"好好学习"之类的话，几乎没有问过"学校教了些什么""老师怎么样"等有关学校的情况。不仅如此，即使在临考前夕，父亲还常常邀我"下一盘"，他知道我喜欢下围棋。

令我望眼欲穿的外国杂志由于业务上的来往，常有不少外国邮件寄到父亲的工作单位。其中最令我望眼欲穿的是一本寄到家里的外国杂志——美国的《国家地理》。那时我还小，自然看不懂英文，但这本装帧独特的杂志在各种邮件中非常诱人。无论正在做什么，只要发现有这本杂志，我都要扔下手里的东西，贪婪地翻看。每一期杂志都登满了美丽的彩色图片，内容大多是非洲、东南亚等发展中国家近乎原始的生活照，也有不少人文学方面的内容。花花绿绿的照片在我幼小的心里激起极大的好奇。最让人百看不厌的，是那些色彩鲜艳的世界各地的自然风光画片。有在日本根本见不到的奇花异草，有在广袤沙漠中生息的远古恐龙般珍贵的爬虫类，有密林中高等动物极难对付的生活方式，有在高山飞舞的原色蝴蝶和可爱的昆虫，有在北极那样严峻的自然环境中过着不可思议生活的生物……每浏览完一期这样的杂志，内心里对大自然的向往就加深一步。

少年时代这些微不足道、司空见惯的体验于我——一个科学工作者的影响是无法估量的。今天，我已经是70多岁的人了，回顾自己的学问人生是能够了解这些体验的分量的。相比之下，从大量文献、资料中得到的帮助就少得可怜了。

33. 回到丛林去

◉ 里柯克

我有一个叫比利的朋友是"丛林癖"。他的本行是行医，因此我觉得他根本没有必要去野外歇宿。在通常情况下，他的心智看来是健全的。当他向前弓着身子和你说话的时候，从他的金边眼镜上方流露出的惟有和蔼与仁慈之光。像我们其他所有人一样，他是一个极其有教养的人，或者说，在他把教养完全忘掉之前，他是这么一个人。

我感觉不出他的血液中有任何犯罪素质。可实际上比利的反常已到了不可救药的地步。他有一种"丛林露宿癖"。

更糟糕的是，他还经常癖性狂发，硬拖朋友们和他一块儿到丛林深处去。

无论何时我们碰到一块儿，他所谈的总是去丛林露宿的事儿。

前不久，我在俱乐部碰到他。

"我希望，"他说，"你能跟我一起到盖提诺去消遣消遣。"

"好呀，但愿我能去，可我并不想去。"我在心里自言自语，可是为了让他高兴高兴，我说：

"我们怎么去呢，比利，是坐汽车还是火车呢？"

"不，我们划船去。"

"那岂不是要一直逆流而上？"

"噢，没错。"比利兴致勃勃地说。

"我们要划多少天才能到达那儿呢？"

"六天。"

"能把时间缩短点吗？"

"可以。"比利回答说，他觉得我已开始进入角色，"要是我们每天早上天还没亮就开始划，一直划到天黑，那我们只需五天半就可以到了。"

"天啦！要带行李吗？"

"要带好多哩。"

"为了搬运这些东西，我是不是每次得背二百磅翻山越岭呢？"

"是的。"

"还要请个向导，一个脏兮兮的地地道道的印第安向导吗？"

"没错。"

"我可以睡在他旁边吗？"

"噢，可以，假如你愿意的话。"

"上了小山头之后，还要干什么呢？"

"呃，那我们就翻越那儿的主峰。"

"噢，是这样，是吗？那主峰是不是石壁嶙峋，有三百码高呢？我是不是得背上一桶面粉爬上去呢？它会不会在山那边滚下来把我砸死呢？您瞧，比利，这次旅行真是件壮举，不过它大壮伟了，我可不敢奢望它。要是你能划一条带雨篷的铁船带我逆流而上，能用一台轿子或象轿把我们的行装运到主峰，再用一台起重机把东西放到山的另一边，那我就去。否则，那就只好做罢了。"

比利灰心丧气地撇下我走了。但是此后他又为此事和我折腾了好几次。

他提出带我到巴底斯坎河上游去。可我在下游就感到心满意足了。

他要我跟他一同去阿塔瓦匹斯卡河的源头。我不愿去。

他说我应该去见识一下克瓦卡西斯大瀑布。可我凭什么应该去呢？

我向比利提了一个相反的建议：他穿过阿第伦达克山（坐火车）到纽约，再从那儿转车到大西洋城，再到华盛顿，然后带上我们的食物（在餐车里），去那儿（威勒德）露营几天，然后返回，我坐火车回来，他背着所有装备步行。

这事儿还是没有谈妥。

当然，比利只是成千上万"丛林癖"患者中的一员，而秋天则是这种病肆虐最凶的时节。

每天都有多趟火车北上，里面挤满了律师、银行家和经纪人，他们都是冲着丛林去的。他们的打扮有如海盗，头上戴着垂边帽，身上穿着法兰绒衬衫和有皮带的皮裤。他们能拿出比这些好得多的衣服来穿，可是他们不愿那样。我不清楚这些衣服他们从哪里弄来的。我想大概是从铁路上借的。他们的膝间别着枪支，腰间挂着大砍刀。他们抽的是他们所能找到的最低劣的烟草，而且他们每个人的行李车上都带着十加仑老酒。

在互相说谎的间隙，他们靠读铁路上印发的关于打猎的小册子消磨时光。从容不迫却穷凶极恶地炮制这类东西，旨在激发他们的"丛林癖"，使之愈演愈疯。对这类东西我太熟悉了，因为我就是写这种东西的。比如说有一次，我全凭想象把位于一条铁路支线终点的一个叫狗湖的小地方胡吹了一番。那个地方作为居留地已经衰败了，铁道部门决定把它变成狩猎胜地。这种改头换面是由我实现的。我觉得我干得非常出色，我不仅给它重新命了名，而且还为这里生造了很多相应的玩法。那个小册子是这样写的：

"清澈的奥瓦塔威特尼斯湖（按当地印第安人的传说，此名意为：'全能的上帝的镜子'）盛产各种名鱼。它们就游在水面下很近的地方，钓鱼人一伸手就可以触摸它们。梭子鱼、小狗鱼、马鲛鱼、打油诗鱼和小鸡鱼可真多，在水里你挤我，我挤你。它们常常飞速上蹿，一口咬住钓饵就朝岸上游来。在湖水的较深处，有沙丁鱼、龙虾、青鱼、鲋鱼和其他各种罐头鱼在自个儿悠游，显然一个个都自得其乐。而在清澈的湖水的更深处，还有狗鱼、猪鱼、傻瓜鱼和旗鱼在永不停息地转着圈儿寻开心。

"奥瓦塔威特尼斯湖不仅仅是钓鱼爱好者的乐园。湖边的坡地上有大片大片长满古松的原始森林，经常有成群结队的熊走出森林来到湖畔——有棕色的、绿色的和熊色的——而当夜幕垂降的时候，森林里更是热闹非凡，麋鹿、驯鹿、羚羊、麝香牛、麝香鼠以及其他草食类哺乳动物的浅吟低唱不绝于耳。这些巨大的四足动物通常在晚上十点半钟离去，从这时到晚上十一点十五分，整个湖滨就归野牛和水牛了。

"午夜之后，充满渴望的狩猎者只要有雅兴，可以选择任何距离、任何速度，让豺狼虎豹把他们追得飞跑。这些野兽的凶狠可是出了名的，它们随时渴望撕下猎人们的裤子，把利齿扎进他们颤抖的肉里。猎人们，注意啦！这样的历险多迷人呀，千万别错过良机。"

我见过不少人——文静、体面、脸刮得干干净净的男人们——在旅馆的大厅里读我写的那个小册子，眼中流露出激动万分的光芒。我想准是关于虎豹之类的内容深深地打动了他们，因为我发现他们在读那个小册子的时候，禁不住用双手在自己身上磨来擦去哩。

当然，你可以想见这类读物对刚刚离开办公室、打扮得像海盗的男人们的头脑会产生什么作用。

他们一读就疯了，而且一疯就会没完没了。

看看他们进入丛林后的情形就知道了。

瞧那个富有的经纪人，他肚子贴地趴在灌木丛里，两个亮闪闪的眼镜片像两轮马车的车灯似的。他在干什么呢？他在追踪一只根本不存在的驯鹿。他正在"追踪"它，用他的肚子。当然，在内心深处，他本来是明白的，这里没有驯鹿而且从来就没有过；但是此公读过我的小册子，然后就发了疯。他没法不这样：他总得去追踪些什么呀。他是怎么爬行的。瞧，他爬过黑山莓树（非常小心，以至于驯鹿根本听不见树上的刺扎进他肉里的声音），接着他又爬过一个蜂窝，爬得那么斯文缓慢，就连蜂群向他发起猛攻时他都没有使驯鹿受到惊扰。多棒的森林技巧！是的，再好好观察他一下。你爱怎么观察都行。在他向前爬行的时候，你不妨跑到他后面去，在他裤子的屁股部位画一个蓝色的十字架。他决不会注意到的。他以为自己是一条猎狗哩！不过，当他那十岁的儿子把一块垫子披在肩上，在餐桌下面爬来爬去，假装自己是一只熊的时候，此公可是大大的嘲笑讨一番的。

现在我们来看丛林里其他人的情况。

有人已告诉他们——我想我在小册子里首倡了这一种想法——野营就是睡在一堆铁杉枝上。我想我告诉过他们注意听风的歌吟（你明白我这个词的意思），听风在巨大的松树间浅吟低唱。于是他们大伙儿就在一堆青绿的针刺上挤着仰天躺了下来——即使是圣塞巴斯蒂安躺上去，都会觉得要命的。他们躺在那里，用充血的不安的眼睛瞪着天空，等着那浅吟低唱开始。可是看不到一点歌吟的迹象。

再看另一个人，他衣服破破烂烂的，胡子已有六天没刮过，他正在一小堆火上烤一块用棍子穿着的熏肉。眼下他把自己当成什么呢？

是沃尔多夫·艾斯托里亚大酒店的首席厨师吗？是的，他是这么想，而且他还觉得那可怜的一小块肉——他是用切烟刀从一大块被雨水淋了六天的肉上面割下来——是适合食用的。而且，他马上就要把它吃掉了。其他的人也和他一样。他们大伙儿全疯了。

还有一个人（愿上帝保佑他），他自以为具有当木匠的"能耐"。他正在往一棵树上钉一块又一块放东西的搁板哩。在所有的搁板掉下来之前，他一直觉得自己是一个能工巧匠。可也正是这个人，在他妻子要他在厨房里钉一块板子放东西的时候，曾经咒天诅地的。"该死的，怎么可能把那该死的东西钉上去呢？"他问道，"你以为我是一个铅管工吗？"

还好，这一切都是无所谓的。

只要他们呆在那儿快活，就让他们呆着好了。

就我个人而言，我可不在乎他们是否回来并且就露宿的事大吹特吹。回到城里的时候，他们因睡眠不足而疲惫不堪，因喝酒过多而没精打采；他们被丛林蝇叮得连皮肤都变成了黄色，还曾被麋鹿踩过，被熊和臭鼬追得在丛林里四处逃窜——而他们居然还好意思说他们喜欢这样。

不过有时我觉得他们真的喜欢这样。

不管怎么说，人毕竟不过是一种动物。他们喜欢跑出屋子到丛林里去，在夜间四处嗥叫并感觉到有什么东西叮咬他们。

只是为什么他们怎么也想象不出犯不着那么麻烦就可以做同样的事情呢？为什么他们不在办公室里脱掉衣服，在地板上爬来爬去，并且互相嗥叫一气呢？其实这也有异曲同工之妙的。

34. 去欧洲的，请上船

● 里柯克

每年夏天，我们之中都有成千上万的人漂洋过海，由美洲前往欧洲。据说每周乘船而去的人约有五万之多。至于到底是五万还是五十万，或者是五千——我忘记了。反正，每年的出游队伍浩浩荡荡，人数众多。

他们之中有些人去欧洲是想换一换空气，有些人是想改善一下心智，有些人是因为厌倦了赚钱，还有些人是因为厌倦了赚不到钱；另外有些人去欧洲，是想在它化为废墟之前再看它几眼；还有一些人则纯粹是为了度假，因为他们想真正开开心心地过几个星期。

本文的几句忠告尤其是为最后一类人写的。假如你想过得开心，在刚开始海上旅行的时候，你就得做好面对一系列幻灭的心理准备。在整个旅行中你都会发现，《旅游指南》上绘声绘色的旅行与实际中的旅行完全是两码事，两者的差别实在惊人。

从刚一上船的那一刻起差别就开始出现了。我们不妨先看看迷人的《轮船旅游指南》是怎么说的——这是一本彩印小册子，其中的一张图片上有两个姑娘在轮船的上层甲板散步，迎风摇曳如灯心草，同时有一个年轻小伙子从旁边走过，他身穿法兰绒衣服，还戴着一顶草帽。

"还有什么比登上大西洋的轮船更令人赏心悦目呢？"《旅游指南》这样写道："硕大无比的轮船、宽敞的船舱、一尘不染的甲板、豪华的船上交谊厅以及舒适的阅览室，这一切无一不使我们激动不已，跃跃欲试。登船之后我们放眼四望，但见远海空阔无边，港湾波光粼粼，和风拂面，轻风逐浪，我们顿时感到至少现在我们的梦想在变成现实。"

是的。千真万确。唯一不幸的是，我亲爱的读者，就在登船完毕即将启程的时候，你准会发现你的黑色旅行袋不知去向了。你的皮箱好端端地站在舱房里，那个棕色旅行袋以及你姨妈叫你在利物浦靠岸时去阿伯丁邮寄的纸包也在。可黑色旅行袋却显然无影无踪了。

在火车卧铺车厢里你无疑还是带着它的，你妹妹也记得在出租车里还见过它——可这会儿它上哪儿去了呢？还谈什么在波光粼粼的港湾启航和即将实现的梦想！旅行袋不见了，而汽笛又在尖叫着准备离港，这时候谁还有雅兴想那些东西？

去问那个穿制服的汉子是徒劳的，显然他只不过是船上的官员之一。不要挤到船桥上去质问船长，他也不会知道旅行袋的下落。也别去烦事务长，那二十个围住他的乘客和你的处境一样，或为这或为那，他们拼命挤到他身边，恨不得能咬他一口。跑上跑下的乘务员看来多如牛毛，但他们唯一的能耐是问你在几号舱并说旅行袋应该在哪儿。阴谋，显然这一切都是阴谋。

你上蹿下跳折腾了半个小时，最后总算找到了旅行袋（它在隔壁卧舱，原因很简单——你把卧舱号写错了），此时你已出海很远，根本就没见着启航的盛况。

这也没什么，反正旅程还长着呢。我们还是听听《旅游指南》是怎样描绘我们在海上的第一个早晨的吧——

"海上的第一个早晨，"他继续唠叨说，"令人兴奋异常。我们站在巨轮高高的甲板上眺望无垠的海面，四周是蔚蓝的大西洋，在夏日和风的吹拂下微波荡漾。我们在甲板上漫步，有一种在陆地上从未体会过的神清气爽、生机勃勃的感觉，要不就是凝视那永恒的洋面，不知不觉便陷入了梦幻般的遐想。"

噢，是吗？真那样吗？我想不是那样。在海上的第一个早晨，即便是最风和日丽的日子，我们要考虑的其他事都多得数不胜数。谁还有工夫作海上遐想！令我们伤脑筋的首先是甲板椅的问题——怎样才能弄到一把呢？——是免费的，还是要付钱的呢？——假如我们现在就付钱，是不是得给那人小费呢？假如我们想让椅子挨着从匹兹堡来的斯耐德先生，那该找谁安排呢？

这一问题足以让我们忙一整个早晨的了。就算我们解决了这一问题，我们紧接着又要为怎样在餐桌边找到想要的座位费神。我们想与斯耐德先生及阿伯塔来的霍普金斯先生和夫人同席。有人说在某个交谊厅的某个地方或别的什么地方，有一个乘务员正在安排席位或准备安排席位。够了，够我们忙上一早晨的了。

哎呀，我亲爱的读者，无论《旅游指南》怎么吹嘘，你都会发现诸如此类的烦心事一整天都在困扰你。旅行袋、甲板椅和席位的问题解决了，另外还有很多其他的问题正等着你去操心，比如——

英国海关官员——他们会干些什么呢？他们会检查每一样东西吗？对你姨妈叫你带给她那在诺丁汉（靠近伦敦）的表妹的帆布拖鞋，他们会怎么说呢？假如你解释说拖鞋是她自己做的，那会有什么区别吗？或者，你能对那人说"噢，很好，我宁可把它们送回美国也不愿为它们付一分钱"吗？一句话，英国的海关官员——他们会干些什么呢？旅客们辗转难眠，整夜都在想这一心事。

另外还有——

你几点在利物浦靠岸呢？你能赶上十一点半去伦敦的那趟火车吗？是不是得等十二点半那趟车呢？十一点半那趟是最好不过的。很多旅客对此翻来覆去地想了又想。在甲板上谈来谈去的也是这一话题，结果他们甚至根本就没注意到海水的湛蓝，更不用说在船边飞跃的飞鱼

181

或海豚了。

可是，就算你有可能赶上火车——从利物浦开出的无论哪趟火车，随着大洋彼岸的临近，一些更令人心焦的问题也接踵而至了。

信件、电报和无线电报的问题会叫你心躁意乱。当事务长说他那儿没有你的电报也没有你的信件的时候，他是不是把你的姓名搞错了呢？也许他是搞错了。无论如何得确认一下，把斯耐德先生也叫去，你们俩可以站在事务长窗前的长队里，一块儿在烦恼中把时光消磨掉。这样，你们就绝无眼福看到两百码以外张开满帆疾驰的挪威船了。

然而，还有更糟的事情在后头呢——

大洋已经横跨，洋罪也已受够，这时大陆在望了。再来看看《旅游指南》是如何带着天真烂漫的喜悦大放厥词的吧！

"看，陆地！我们多么激动啊，争先恐后地奔向船头，引颈眺望吧，前方便是古老的英格兰，白色的峭壁拔海而起，先睹为快呀！这块古老土地的全部浪漫历史和探险传奇，随着这第一眼而跃入了我们心中。我们伫立着凝视前方，一如当年哥伦布或卡波特陶醉在新大陆的神秘中。"

我们是这样做了吗？不，我们没有。我们没有时间这样做。事实上，我们根本就没有看到那所谓的第一眼。我们呆在甲板下面的舱房里，在为该给浴室服务员多少小费的问题伤脑筋。是给他八先令，还是六先令就够了呢？我们感到需要了解这方面的情况，需要有人来指点。我们必须想法找到斯耐德先生，听一听他的高见，看他觉得该赏浴室服务员多少。

然后，在我们还在为服务员、小费和行李之类操心和烦恼的时候，我们的航行已不知不觉、莫名其妙地结束了——时间过去了——于是我们向乘客们、向斯耐德先生、向阿伯塔来的霍普金斯先生和夫人一一道别，还向乘务员们和事务长道别——此时此刻，他们看上去全是些高尚的人。但是我们心里有一种奇怪的失落感和幻灭感，好像我们的旅行根本没开始似的，于是我们产生一个古怪的念头，渴望把航行从头再来一遍，而且这一次要吸取前一次的教训，再也不用我们那些无谓的忧虑来糟蹋航行了。

朋友，这是一个寓言。大西洋上的航行是如此，我们这区区人生之旅又何尝不是如此呢？我们沐浴着阳光从此岸到彼岸的旅行何其匆促呀，然而这苦短岁月却常常还要受到毫无意义的庸人之争和可怜忧虑的糟践。趁现在还来得及，让我们放眼展望地平线吧！

35. 湖畔相遇

◉ 普鲁斯特

我给她的那封绝望的情书终于有了回信，信是在昨天赴林园晚宴之前收到的。信中说，她恐怕在动身之前无法跟我道别。我也十分冷漠地答复了她。是啊，事情最好就这样结束，但愿她有一个开心的夏季生活。接着我换好衣服，乘坐敞篷车穿越林园。我虽然十分心痛，但我努力调整心态，使其渐趋于平和。我相信自己随着时间渐渐过去，会把这段往事尘封起来。

汽车沿着湖边林荫道疾驰，在距离林荫道五十米远，环绕湖边的一条小径尽头，我发现一位缓步慢行的女人。一开始我没有认出她。她朝我微微招手致意，我终于认出了她，尽管我们之间隔着一段距离。正是她！我久久没有反应。她继续注视着我，大概是要我停车，带她同行。我还是没有任何反应，但我心底却刹时涌起一股说不清的激情。我曾经对此颇费猜测。我思忖："她始终无动于衷，其中必有一条我不明白的原因。我亲爱的心上人，她爱我。"一种无边无尽的幸福，一种不可抗拒的确信朝我袭来，我不禁瑟瑟发抖，眼泪不争气地溢眶而出。车子驶近阿尔姆农维尔城堡，我擦了擦自己的眼睛，眼前出现了她那温情脉脉，仿佛要擦拭我的眼泪的招手；她那温情脉脉的注视仿佛是征询我让她上车的目光。

我是满怀欣喜地赶赴晚宴的，我的兴奋通过我的神色、动作无声地表现出来。没有人知道他们不熟悉的一只小手曾经向我挥动致意，这种感觉在我身上燃起欢乐的熊熊之火。每个人都能看到这种火光，因为它已经烧透了我。人们只等德·T夫人大驾光临，她马上就到。

她是我所认识的人中最没意思、最最讨厌的家伙，虽然她很漂亮。然而我却庆幸自己能够原谅任何人的缺陷和丑陋，我带着诚挚的微笑朝她走去。

"您先前的行为让我很吃惊。"她说。

"先前？"我惊讶万分，"您的意思是先前我们见过面？"

"怎么您没有认出我？您确实离我很远；我沿着湖边行走，您却骄傲地坐在车上。我向您招手问好，可您像不认识我似的毫无反应。"

"什么，是您！"我叫嚷道，十分扫兴地重复了好几遍，"噢！我请求您原谅，真的没认出您！"

"她好像不快活！您好，夏洛特！"城堡女主人说，"不过您尽管放心，您现在不是跟她在一起了吗！"

我哑口无言，我的一切幸福就此破灭。

然而，最令我苦恼的是我始终忘记不了她那副含情脉脉的样子。尽管我已经承认了自己的错误。我试图跟她言归于好。我没有很快忘记她，在我痛苦的时候，为了使自己好受一些我经常竭力使自己相信那是她的手，正如我一开始感觉的那样。我闭上眼睛，是为了再一次看见那双向我致意的小手，这双手如此惬意地擦拭我的眼睛，让我的额头清新凉爽。她在湖边温情脉脉地伸向我的那双戴着手套的小手犹如平安、爱情以及和解的小小象征，而她那略带忧伤的目光紧紧盯着我，似在询问："带我一程行吗？"

36. 遗忘之河

◉ 普鲁斯特

米什莱对死的理解独树一帜，这也许是因为他经历过一场轰轰烈烈的爱情游戏吧，他认为："死神会美化她要打击的那些人，夸张他们的美德，然而一般来说，伤害他们的恰恰就是活着的生命。死，这个虔诚而又无可非议的证人告诉我们，从真、善的角度来看，每个人身上的善通常多于恶。"

在我们心中那个让我们遭受各种苦难的人早已死去，她对我们来说实在是"无关紧要"。我们为死者哭泣，我们仍然热爱她们，久久地为她们无法抵御、使她们虽死犹生的魅力所吸引，为此我们经常来到她们的坟前。相反，使我们体验到一切，饱尝痛苦和快乐滋味的那个人再也不能控制我们。在我们心里，她死得更加彻底。我们把她当做这个世界上唯一珍贵的东西，我们诅咒她，蔑视她，又无法评价她，她的容貌特征刚刚清楚地展现在我们记忆的眼前，却又因为凝视太久而消失殆尽。对于深深影响着我们心灵的那个人的评价是没有规则的，时而她的远见卓识折磨着我们盲目的心灵，时而她的盲目又结束了这残忍的分歧，像这样的评价应该解决这最后的飘移。由于这些景色只有在山顶才能够欣赏，于是在该饶恕的高度便出现了那个货真价实的她，她成了我们的生活本身，从此之后她在我们心中死得更加彻底。

我们只知道抱怨她带走了爱，却不明白她对我们有一种真正的友谊。记忆没有美化她，爱情使她备受伤害。对于那个想得到一切的人来说，得到一点似乎只是一种荒唐的残酷。假如他得到了一切，这一切也远远不能满足。

现在我们才知道，我们的绝望、嘲讽、无止无休的暴虐没有让她失去勇气，实在是她的慷慨所致。她始终温情脉脉。如今援引的几句话在我们看来带有一种宽容的准确而且充满魅力，她的这几句话我们好像无法理解，只因为那话里没有爱的意义。相反，我们却带着那么多不公正的私心苛刻地谈论她！难道她付出的还不够多吗？如果这阵

爱情有高潮一去不复返，那么，我们在散步的时候，也会捡到一些奇异迷人的贝壳，把它们贴近耳边，昔日的喧嚣将再现，冲淡了痛苦，增添了甜美。于是，我们动情地想到她，我们的痛苦在于我们爱她胜于她爱我们。

她的躯体已经死去，她的精神还留在我们心中。正义要求我们纠正对她的看法。她借助于正义这种无所不能的美德让她的精神在我们心中复活，显现在由于我们的缘故而离她十分遥远的这个最后评价面前，她仍旧平静祥和，眼里却泪光闪闪。

37. 青岛、济南、北平、北戴河的巡游

● 郁达夫

带青带绿的颜色，对于视觉，大约是特别的健全；尤其是深蓝，海天的深蓝，看了使人会莫名其妙的感到一种愉快。可是单调的色彩，只是一色的色彩，广大无边地包在你的左右四周，若一点儿变化也没

有，成日成夜地与你相对，日久了当然是也要生厌的；青岛的好处就在这里，第一，就在她的可以使你换一换口味，第二，到了她的怀里，去摸索起来，却也并不单调，所以在暑热的时候，去住一两个月，恰正合适。

无论你南边从上海去，或北边从天津去，若由海道而去青岛，总不过二三十个钟头，可以到了。你在船舱里，只和海和天相对，先当然是觉得愉快，觉得伟大，觉得是飘然遗世而独立，羽化而登仙的样子；但一昼夜过后，未免要感到落寞，感到厌倦；正当你内心在感到这些，而嘴里还没有叫出来的时候，白的灯台，红的屋瓦，弯曲的海岸，点点的近岛遥山，就净现上你的视界里来了，这就是青岛。所以从海道去青岛的人对她所得的最初印象，比无论哪一个港市，都要清新些，美丽些。香港没有她的复杂，广州不及她的洁净，上海比她欠清静，烟台比她更渺小，刘公岛我虽则还没有到过，但推想起来，总也不能够和青岛的整齐华美相比并的。以女人来比青岛，她像是一个大家的闺秀；以人种来说青岛，她像是一个在情热之中隐藏着身份的南欧美妇人。

青岛的特色之一，是在她的市区的高低不平，与树木的青葱。都市的美观，若一味平直，只以颜色与摩天的高阁来调和，是不能够引人入胜的；而青岛的地面，却尽是一枝枝的小山，到处可以看得见海，到处都是很适宜的住宅区。就是那一条从前叫弗利特利希大街，现在叫中山路的商业通衢，两端走走，也不过两三里路，就到海边了；街的两面，一走上去，就是小山，就是眺望很好的高地。

从前路过青岛，只在船楼上看看她的绿树与红楼，虽觉她很美，但还没有和她亲过吻，抱过腰；今年带了儿女，去住一个夏天，方才觉"东方第一良港"、"东方第一避暑区"的封号，果然不是徒有其表的虚称。

海水浴场的设备如何，暂且不去管它，第一是四周的那么些个浅滩，恐怕是在东亚，没有一处避暑区赶得上青岛。日本的海岛，当然也有好的，像明石须磨的一带，都是风光明媚的地方，可是小湾没有青岛的多，而岸线又不及青岛的曲。至于日本的北面临日本海的海岸呢，气候虽则凉冷，但风浪太大，避暑洗海水澡总有点不大适宜。

青岛，缺点当然也是有的：第一，夏天的空气太潮湿，雾露太多，就有点儿使人不舒服。其次则外国的东方舰队，来青岛避暑停泊的数目实在多不过，因而白俄的娼妇，中国盐水妹的来赶夏场买卖的，也混杂热闹到了使人分不出谁是良家的女子。喜欢异国颓废的情调的人，或者反而对此会感兴趣，但想去看一点书，做一点事情的人，被这些酒肉气醉人的淫暖之风一吹，总不免要感到头昏脑胀，想呕吐出来。我今年的一个夏天就整整的被这些活春宫冲坏了的；日里上海滨去看看裸体，晚上在露台听听淫辞，结果我就一个字也没有写，一册书也没有读，到了新秋微冷的时候，就匆匆坐了胶济车上北平去了。明年我就打算不再去青岛，而上一个更清静一点的海岸或山上去过夏天。

劳山的风景，原也不错；可是一般人所颂赞的大劳观靛缸湾一带的清溪石壁，也只平平，看过江南的清景的人，对此是不会感到特异的美感的；要讲伟大，要耐人寻味，自然是外劳沿海一带，从白云洞、华岩寺到太清宫的一路。我在青岛的时候，曾有一位小姐，向我说过石老人附近，景色的清幽，浮山午山庙周围，梨花的艳异；但因为去的时候不巧，对于这些绝景，都不曾领略，此生不知有没有再去的机会了，我到现在，还长怅念。

由青岛去济南的道上，最使我感到兴奋的是过潍县之后，到青州之先，在朱刘店驿，从车窗里遥望首阳山的十几分钟。伯夷叔齐的古迹，在中国原有好几处，但山东的一角孤山，似乎比较有趣一点，因为地近田横岛，联想起来，也着实富于诗意。洁身自好之士，处到了这一种乱世，谁能保得住不至饿死？我虽不敢仰慕夷齐之清高，也决没有他们的节操与大志，但是饿死的一点，却是日像一日，尽可以与这两位孤竹国的王子比比了。所以车过首阳之后，走得老远老远，我还探头窗外，在对荒山的一个野庙默表敬意。至于青州的云门山，于陵的长白山、白云山等，只稍稍掉头望了一望，明知道不能去登，也就不觉得是什么了不得的名山胜地了；可是云门的六朝石刻，听说确是货真价实的历史上的宝物。

到济南城后，找着了李守章氏，第二日照例的去游千佛山、大明湖、趵突泉、金线泉、黑虎泉等名胜。自然是以家家流水、户户垂杨的黑虎泉（现在新设了游泳池了）一带，风景最为潇洒。大明湖的倒影千佛山，我倒也看见，只教在历下亭的后面东北堤旁临水之处，向南一望，千佛山的影子便了了可见，可是湖景并不觉得什么美丽。只有蒲菜、莲蓬的味道，的确还鲜，也无怪乎居民的竞相侵占，要把大明湖改变作大明村了。就在这一天的晚上，我们离开了李清照、辛弃疾的生地而赶上了平浦的通车，原因是为了映霞还没有到过北平，想在没有被人侵夺去之前，去瞻仰瞻仰这有名的旧日的皇都。

北平的内容，虽则空虚，但外观总还是那么的一个样子。人口增加，新居添筑，东安、西单两市场，人海人山；汽车电车的声音，也日夜的不断。可是，戏院的买卖减了，八大胡同里的房子大半空了，大店家的好货也不大备了，小馆子的顾客大增，而大饭庄的灯火却萧条起来了；到北平之后，并且还听见西山都出了劫案，杀死了人。在故宫里看了几日假古董，北海、中央公园内喝了几次茶，上三贝子花园、颐和园去跑了一跑之后，应水淇之招，我们就一直的到了山海关内的北戴河边。刚在青岛看海看厌了的我们，这一回对北戴河自然不能像从前似的有上级形容词来赞美了。不过有两件事情，我总觉得北戴河要比青岛好些。第一，是汽车声音的绝无。第二，是避暑客人的高尚。不过话也要说回来，在鹿囿上面的那一家菜馆里吃饭的时候，白俄女人的做买卖的也未始不曾看见，但数目少了，反而以为万绿丛中一点红，这一块肉，倒是少她不得的。

北戴河的骡子，实在是一种比黄包车汽车轿子更有诗意的乘物。我们到了车站，故意想难难没有骑过骡儿的映霞，大家就不坐车而骑骡；但等到了张家大楼，她的骑骡术已经谙熟了，以后直到离开北戴河为止，她就老爱在骡背上跨着，不肯下来。

北戴河的气候，当然要比青岛的好；但人工的设备，地面的狭小，却比青岛差得很远。东山区域，住宅太多，卫生状况也因而不好。我以为西面联峰山下，一直到海滨的一段，将来必定要兴盛起来。但自第五桥，沿海上南天门去的一路，风景也真好不过。

尤其是南天门金山嘴的一角，东望秦皇岛山海关，南临渤海，北去鸽子窝也不过两三里地的路程；北戴河的海山景色，当以此地为中心，而别庄不多，那娘娘庙的建筑，也坍败得不堪，我真觉得奇怪。还有那个三皇殿哩，再过两年，怕庙址都要没处去寻了，我不懂北戴河的公益所，何以不去修理修理，使成一避暑的游息之所。

这一次在北戴河住得不久，所以像汤泉山、背牛顶的胜水岩等处，都没有去成。但在回来的路上，到了滦口，看看阳山碣石山等不断的青峰，与夫滦河蜿蜒的姿势，就觉得山水的秀丽，不仅是江南的特产了，在关以内和关以外，何尝没有明媚的山川？但大好的山河，现在都拱手让人拿去筑路开矿，来打我们中国了，叫我们小百姓又有什么法子去拼命呢？古人有"马后桃花马前雪，出关争得不回头"的诗句，希望衮衮诸公，不要误信诗人，把这些好地方都看作了雪地冰天，丢在脑后才好！

38. 清水塘

◉ 尤里·纳吉宾

我们中学时代最后一天的最后一堂课结束了。虽然前面仍有漫长而艰难的考试，但是中学的课程再也没有了，往后将是讲座、讨论会、或参加就某一问题的学术研究，——全是成年人的字眼！——在高等院校的阶梯教室和实验室进进出出。但中学的小课堂和矮桌椅不会再有了，我们中学时代的这十个春秋就在那熟悉的、有点儿沙哑的铃声中悄然逝去了。还记得那铃声从楼下的教师办公室里慢慢悠悠地传上来，传到我们十年级所在的六层楼时，总要迟一小会儿。

我们激动，我们欣喜，同时又不知为什么怀有一种依依不舍的眷恋之情，想到自己在转瞬间由中学生变成了一个有资格结婚成家的大人而感到腼腆，茫然不知所措。大家在楼道和教室里徘徊，仿佛害怕走出校园，落入一个茫茫无边的陌生世界里去。我们的心头萦绕着一缕不可言状的情感，犹如在逝去的十年当中，彼此还有什么话儿未全说完，中学时代的生活尚未过够，身上依然保持着少年的天真稚气，似乎这一天忽然使得我们茫然无措。

敞开的窗口映出湛蓝的天空，窗口上的几只鸽子从粗嗓眼里发出咕噜咕噜的热烈的叫唤。苍翠的树木散发的清香和洒过水的柏油路所蒸发出来的气味混杂在一起，充满了整个空间。

热尼娅·鲁米扬采娃朝教室里探了探头：

"谢廖扎，打扰你一会儿行吗？"

我走到走廊里。在这不寻常的日子里，热尼娅也显得与往常不太一样了。她的衣着像往常一样有些古怪：那条去年就显小了的连衣裙，短得遮不住膝盖，外面套着一件瘦小得连胸前都扣不拢的毛衣，里面衬着洗旧了的白绸衫，脚穿一双圆头平底童皮鞋——这身打扮像是从她妹妹那儿拿来的。她那头浓密的淡灰色的柔发虽用许多发卡和小梳子勉强别住，但还是散落了下来，遮住了她的前额和面颊，而且有一缕额发时常垂落到她那短小的鼻子上，总惹得她气恼地把它撩开。与往常不同的是，她面颊上泛出一层淡淡的红晕，那双忽而严肃正经、忽而漫不经心的灰色大眼睛里，闪耀着生气勃勃、亲切动人的光芒。

"谢廖扎，我有句话想跟你说，咱们俩十年以后再见面吧?"

热尼娅从来不开玩笑，所以我也一本正经地问:"为什么?"

"我想知道，你将来能成为一个什么样的人。"热尼娅撩开那缕讨厌的额发，说道，"知道吗，这几年来，我一直很喜欢你。"

我一直认为热尼娅是不会说出这种话来的，而且根本不可能有这样的感情。她的全部身心都扑在共青团紧张的工作上（她是我们的团小组长），沉浸在对星球世界的幻想之中。即使在百忙之暇，她嘴里所谈的也都是恒星、行星、日珥、运行轨道及宇宙航行之类的东西，除此之外，我从来没有听她说过别的。我们当中只有一小部分同学对自己未来的前途有所考虑，而热尼娅从六年级就立志要当个天文学家。

我和她从未有过亲密的交往。我们俩同级不同班，平时也只是因团的工作才有接触。几年前，我因犯了一个错误，险些被开除出少先队，由于伙伴们的全力保护，我才保住了红领巾。但是，只有刚到我校的热尼娅一直坚持要把我开除。这件事在我对她的看法上投下了一道阴影。后来我才明白，热尼娅当时那么"冷酷无情"，完全是出于她对自己、对别人的要求十分严格的原因，而绝非出于恶意。她的心如同水晶一样纯洁，她是一个对信念忠贞不渝的坚强姑娘，总希望周围的人都像她自己一样。相比之下，我远不是一个"正直勇敢的骑士"。此刻她那突如其来的青睐使我不禁又惊诧又尴尬。我回到往事的记忆中，寻找解开这个谜的钥匙。然而除了我们在清水塘的一次见面之外，别的一无所获……

假日的一天，我们相约到希姆基水库划船，集合地点定在清水塘公园的一座高大的凉亭旁边。但是天公不作美，一清早就下起了蒙蒙细雨，应约来到集合地点的只有我、帕夫利克、尼娜和热尼娅。尼娜是因为她一到假日就在家呆不住才来的，我为尼娜而来，帕夫利克为我而来，可热尼娅为何而来，我们就不清楚了。

以前热尼娅从没有参加过我们的小小聚餐会，也从来不同我们去看电影、逛文化公园和爱尔米达日公园。但大家都明白，她这并不是自负清高，而是实在抽不出时间：她参加了莫斯科大学组织的一个天文小组，还参加天文馆的什么活动。我们非常敬佩热尼娅这种为理想而奋斗的精神，不愿去打扰她。

我们四个人在四面透风的大凉亭里见面了。凉亭犹如一把巨大的木伞，伫立在林荫道中。雨，一会儿倾泻如注，像成千条无情的鞭子抽打大地，一会儿飘飘洒洒；如上万根缠绵的丝线，几乎看不到，听不见，然而它却一刻也未曾停止过。密密层层的灰色阴云飘过房舍的屋顶。希姆基水库看来是去不成了，可是热尼娅还是劝我们上什么地方去玩玩，只不过那次她却破例做了一个小小的让步，而在平时，她对于规定做的事是说到做到的。偏偏那天不走运！她那件毛绒外套的纽扣上挂着一小包夹心面包，这个小小的纸包使我不禁有几分感动。显然，热尼娅没想到可以在小吃店、咖啡馆、甚至餐厅里对付一顿早点，那些地方都是我们在外出游玩时经常光顾的。我出于对这个小纸包的一片怜悯之心，提议道：

"咱们就在这湖里划一会吧，"我指了指从湖心亭下露出头来的破旧、干裂的平底木船说道。"咱们就把这儿当希姆基水库。"

"当地中海。"帕夫利克插了一句。

"或者当做印度洋!"热尼娅兴高采烈地接着说,"要不就当做格陵兰岛沿岸!……"

"我们不会淹死吧?"尼娜问道,"要是真出了事儿,那就太遗憾了——我已经接到去莫斯科艺术剧院看首次公演的邀请了。"

船上没有桨,我们就在岸边捡了两块破木板,舀出舱里的水,开始了环球航行。在我们当中,除了热尼娅之外,大概没有人觉得此项航行会有什么乐趣。正当我和帕夫利克没精打采地划着水,热尼娅却在设想我们的航行路线:穿越博斯普鲁斯海峡,途经苏伊士运河,驶进红海,阿拉伯海,绕过大巽他群岛和菲律宾群岛,尔后进入太平洋。

热尼娅过迟的童心是那么可爱动人,但却叫人心头油然升起一缕淡淡的怜悯之情。

"你们瞧,"热尼娅指着那被雨水浇淋得光溜溜、亮闪闪的柳枝条,及其后面科利泽依电影院的那几根湿漉漉的阴沉的圆柱说,"棕榈,藤萝,大象,咱们到印度啦!"

我们面面相觑,十七岁的年轻人总是故作姿态,以蔑视和嘲讽,摆出肆无忌惮的样子掩饰自己那脆弱易伤的心灵的,但她却用出奇的天真口吻来掩饰自己如此天真的情感。

"我们正驶近所罗门群岛!"热尼娅以一种不祥的声调通知大家。

"可不是嘛!"我们的好心人帕夫利克附和道,"瞧,那儿站着一群土著人!"他用手指着一群在贮水池坝旁对火抽烟的孩子——他们就住在清水塘公园附近。

在雨幕中我们继续进行这次兴味索然的航行。只有热尼娅不知疲倦地发出口令:"右满舵!""左满舵!""升帆!""降帆!"她根据星座来判断航向,因为我们的罗盘在风暴中打碎了。她还借此机会,给我们上了一堂天文课。在这堂课上,我只记住了一点:赤道那边的星空总是同我们在这里所见到的相反。后来，我们"遇难"了，热尼娅向我们分发了"最后的干粮"——就是那几块被雨水打湿了的夹心面包。我们没精打采地嚼着，而热尼娅却向我们津津乐道她是如何喜欢鲁滨逊的生活。

我被雨浇成了个落汤鸡，划船划得精疲力竭，手也给木板扎了不少刺儿，这一切都使我悻悻不快，于是便回了她一句话，没有比《鲁滨逊漂流记》这书更庸俗的了。

"书里通篇尽是什么吃、穿、用之类的生活琐事，无休无止的伙食账，真可以称得上是一首日常生活的颂歌！……"

"可是依我看，没有比你所谓的'账单'更能激动人心的了！"热尼娅眼含泪花说道。

"这部书里展示了多么广阔的世界，多少壮丽的自然景色，蕴含着多少幻想啊？……"

我们的争论被尼娜的叫喊声打断了：

"乌拉，前面就是海岸！……"

"在哪儿？在哪儿？"热尼娅惊喜地问。

"那不就是，就在湖心亭旁边，"尼娜平淡地说道，"总算到头了！小伙子们，我已经冻僵了，不喝杯咖啡可不行。"

热尼娅不好意思地望了望我们，两朵绯红的晕彩飞上了面颊。

"那还用说？"她果断地说，"咱们就去喝个酩酊大醉！"

我们把船划到木桩下面，刚一上岸，迎面碰上了我的老对头利亚利克。这个小流氓在近几年既蹲过监狱，又进过劳动教养所，现在却生得身强力壮，肩膀也宽阔了。他皱着眉头盯着我们，摆出一副不可一世的强盗相。擦身而过时他用右肩撞我一下，又用左肩撞帕夫利克一下，嘴里还骂了一句脏话。他知道蹲过监狱以后，就更可以肆无忌惮了。我们怕的不是他本人，而是他那狼藉的名声。因此，坏名声反成为他威慑的力量，而我们这些自认为规规矩矩的孩子，在他面前却觉得渺小，像个没能耐的窝囊废。谁敢惹这号亡命之徒呀！……

"小流氓，不许你骂人！"热尼娅冲他喊道。她还不知道利亚利克是个什么家伙。

利亚利克一言不发，转身直冲我们走来。热尼娅上前拦住他的去路，把他那顶耷拉着帽沿的旧帽子往鼻子上一拉，接着，照他胸口用力一推。只见利亚利克连连后退了几步，绊到拦护草坪的铁丝上，随又身子一仰，滚进铁丝后面的草丛里去了。

这一下利亚利克现了原形：他不过是个跟我和帕夫利克一样的小毛孩子罢了，那副唬人的凶相现在根本不屑一顾。

"你干吗推人呀？"他嘟嘟哝哝地抱怨道，一边摘下那顶遮住了眼睛的破帽子。

后来，我们来到一家咖啡馆，坐在一个湿淋淋的花条帆布凉蓬下，喝着冰镇啤酒和滚热的浓咖啡。热尼娅只喝了一杯啤酒，发卡不知怎么一下子从她那浓密的头发里脱落了下来。她满脸绯红，大骂自己是个没用的废物，不可救药的人。当时我们真有点替她害羞，生怕服务员不再给我们添啤酒了。热尼娅从来没有比今天在咖啡馆里更像一个早熟的姑娘——她披散着头发，短小的连衣裙下裸露出两个滚圆的膝盖。热尼娅还说，在第一次宇宙飞行时她甘愿去牺牲；若想征服宇宙，没有牺牲的代价是根本办不到的；她死了，但能保全一个更有价值的人的生命。

我们知道，她讲的都是肺腑之言，丝毫没有意识到自己心灵的高尚；相比之下，我们是多么渺小，即使啤酒刺激了我们的激情，也决不会像她那样热烈，因为我们只怀有一种苟全的乞望……

从那以后，热尼娅再也没和我们一起玩过。我们曾多次请她参加我们的舞会，但她总是推说没工夫。也许，她是真的抽不出时间，她要做的事情太多了！莫非她那唯一的一次是为我而来，又为我才破例第一次做了让步，无可奈何但仍略带傲慢地说一句："那次没能如愿！……"

"热尼娅，你为什么早不对我说呢？"我问。

"早说有什么用？当时你那么喜欢尼娜！"

我顿时感到，一种莫名的沮丧和忧悒袭上心头，仿佛失去了什么一般。

"那我们何时何地再见面呢？"我又问。

"十年以后的五月二十九日，晚上八点。在大剧院正中的两根圆柱之间。"

"要是那儿的圆柱配不成双怎么办？"

"那儿只有八根圆柱，谢廖扎……到那时，我就是一个著名的天文学家。"她又郑重、自豪、十分自信地补充了一句："如果我变化很大，你就凭报上登出的照片来认我吧。"

"那时候，我也会成名。"刚说到这儿，我倏地停住了——我根本没想过，将来我会在哪个领域成名，甚至连报考哪个系我还没决定呢。"不管怎么说，我一定开着自己的小汽车去……"

这个回答实在可笑，然而我却找不出更合适的话来。

"好极了，"热尼娅笑了，"那你就开着带我去满城兜风……"

光阴荏苒，转瞬已过多年。热尼娅在列宁格勒上大学，她的音讯我一无所知。一九四一年冬，我在打听旧友的生死下落中得知，热尼娅在战争爆发的当天就辍学进了航校。一九四四年夏，我住在野战医院，从收音机里听到了授予空军少校热尼娅·鲁米扬采娃"苏联英雄"称号的命令。我从前线回来后才知道，热尼娅的英雄称号是在她牺牲之后追认的。

生活的道路不断向前伸展。有时我会蓦地想到我们约定的那件事，

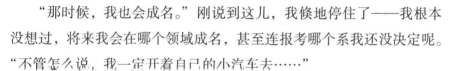

尤其是在约期临近的几天里，我有一种强烈的忧悒和不安压在心头，仿佛我熬过的所有岁月，都是为了这次约会。

我没有成名，没能兑现向热尼娅许下的诺言，但是还有一点我没有失信：我在一堆缴获的汽车当中，以廉价买了一部旧"奥佩尔"。我换上一套簇新的衣服，开着"奥佩尔"向大剧院驶去。假如那次真的能见到热尼娅，我就会对她这么说，我经过无数次的彷徨，终于找到了自己的道路，我的一本短篇小说集出版了，目前我正在写第二本。虽然我对这些书并不满意，但我相信，我一定会写出满意的书来。

我把汽车停在街心花园旁边，向卖花女人买了一束铃兰，朝大剧院正中央的两根圆柱走去。那儿果真有八根柱子。我在那儿伫立片刻，

把铃兰献给了一位脚穿运动鞋，身材纤瘦的灰眼睛姑娘，然后驱车回家去了……

我真想让时光在刹那间停止流逝，让我回顾一下那逝去的年华和我自己，让我看一眼那身穿短连衣裙，外套绒衫的少女，那缓缓而行的笨重的木船和在浅蓝色的湖面播撒下万点水滴的蒙蒙细雨，倾听一下"咱们到印度啦"那激动的喊声，找回那颗蒙昧无知的少年的心，这颗心曾轻易地错过了决定命运的时刻。